Center for Digital Business
Yea(h)rbook 2015

Center for Digital Business Yea(h)rbook 2015

MANUEL P. NAPPO (HRSG.)

buch & netz ● Zürich

Verlag & Produktion: buch & netz, Zürich, buchundnetz.com **Texte:** Dozierende und Studierende des Center for Digital Business der HWZ Hochschule für Wirtschaft Zürich **Umschlaggestaltung:** Angela Chatelain **Umschlagumsetzung:** SUPERSCRIPT GMBH

ISBN:
978-3-03805-041-4 (Print), 978-3-03805-191-6 (PDF), 978-3-03805-192-3 (epub), 978-3-03805-193-0 (mobi/Kindle)

Version: 1.01 – 20151201

Dieses Werk ist als buch & netz Online-Buch und als eBook in verschiedenen Formaten, sowie als gedrucktes Buch verfügbar. Weitere Informationen und den Blog zum Buch finden Sie unter der URL: http://buchundnetz.com/werke/center-for-digital-business-yeahrbook-2015

Zu den Urheberrechten und Nutzungsbedingungen beachten Sie bitte die entsprechenden Hinweise am Schluss des Buches.

Inhalt

Fachbeiträge

hwzdigital.ch Highlights

Interviews mit den Absolvierenden MAS Digital Business 2015

Center for Digital Business

Vorwort

Der vierfache Weltmeister Sebastian Vettel sagte einst zu seinem ersten Testtag in der Formel 1: "Nach fünf Runden kam ich zurück an die Box und versuchte, cool spielen – Oh, ja, ich bin in Ordnung, ich hab's im Griff – aber ich war völlig verloren."

So fühlte ich mich, als mir 2010 angeboten wurde, den ersten Social Media Studiengang der Schweiz in einer Fachhochschule auf die Beine stellen. Und doch: Wir haben es geschafft. Wir haben nicht nur einen CAS Social Media, sondern, vier Jahre später, gleich den ersten MAS in Digital Business ins Leben gerufen.

"To finish first, you first have to finish", sagte Ron Dennis. Wir sind zwar noch lange nicht am Ende, im Gegenteil, die nächste Rennsaison steht schon vor der Tür. Aber wir haben das erste erfolgreiche Jahr hinter uns, und dazu möchte ich allen Absolventen gratulieren.

Gleichzeitig möchte ich dem ganzen Team danken, in primis Evelyne Mettler und Evi Tolis für die unermüdliche Arbeit in den Boxen. Sie machen oft eine undankbare, unscheinbare Arbeit. Eine Arbeit, die meist nur dann auffällt, wenn ein Rad nicht binnen drei Sekunden gewechselt wird oder ein Skript eine Stunde vor dem Unterricht noch nicht auf Evernote ist. Aber wir wissen alle: Ihr Einsatz entscheidet oft über den Erfolg eines Rennens. Besonderen Dank an dieser Stelle auch an Angela Chatelain und Sylvana Ulrich. Zum einen sind sie wie die Safety Car bei einem Crash oder wie die Feuerwehr, wenn es brennt. Immer einsatzbereit. Immer zuverlässig. Zum anderen bringen sie frische, zeitgemässe Gedanken und Ideen in unser Center. Ihr Einsatz hat u.a. massgeblich dazu beigetragen, dass dieses erste Yea(h)rbook überhaupt fertig wurde. Danke dafür.

Bedanken möchte ich mich auch bei den Ingenieuren Marcel Blattner, Patrick Comboeuf, Marion Marxer und Sven Ruoss. Sie haben laute und bunte Boliden entworfen, die der Konkurrenz davongefahren sind, wie Ferrari zu Schumis Zeiten. Nicht immer perfekte Boliden – aber wer will das schon? "Perfekte Aerodynamik ist für Leute, die keine Motoren bauen können", sagte schon der legendäre Enzo Ferrari.

Und last but not least möchte ich mich bei den Rennstallbesitzern Prof. Dr. Jacques Bischoff, Peter Statz und natürlich Cyril Meier dafür bedanken, dass sie mir diesen Rennstall anvertraut haben. Dass sie uns haben machen lassen, auch wenn nicht immer klar war, an was wir da tüftelten. Dass sie den Mut hatten, uns zu vertrauen. Das ist nicht selbstverständlich.

Doch unsere Rennfahrerkarriere geht erst richtig los. Und es wird eine lange, harte, abenteuerreiche und auch unsichere Rennkarriere sein. Denn egal, wieviele Rennen man schon gewonnen hat – der nächste Wettbewerb bleibt stets ein Fragezeichen. Werden wir immer noch die Besten sein? Genau das ist die Herausforderung. "Man muss sich selbst jedes Mal von Neuem beweisen", beschrieb es Michael Schumacher.

Machen wir es wie Jackie Stewart, der festhielt: "Es ist nicht immer möglich, der Beste zu sein, aber es wird immer möglich sein, die eigene

Leistung zu verbessern." Und wenn jemand es nicht lassen kann, unsere Ideen auszubremsen, dürfen wir auch einmal wie Kimi 2012 genervt über Funk antworten: "Leave me alone, I know what I am doing."

Begeben wir uns gemeinsam auf dieses Rennen. Freuen wir uns daran. Ich wünsche mir, dass wir alle von uns sagen können: "I'm a leader, not a manager", so wie Stirling Moss einst einem Journalisten entgegnete: "I'm a racer, not a driver."

Und denken Sie daran: "If everything seems under control, you're just not going fast enough."

Manuel P. Nappo

Management Summaries der Master Thesen 2015

Die HWZ Hochschule für Wirtschaft Zürich hat am 22. September 2015 die ersten sieben Master of Advanced Studies (MAS) in Digital Business diplomiert. Die folgenden sechs Management Summaries der Master Thesen geben einen Einblick in die Themenvielfalt und Praxisrelevanz des Digital Business Master der HWZ Hochschule für Wirtschaft Zürich.

Die digitale Transformation in einer jahrhundertealten Branche

THEATER ST.GALLEN 2.0

Nicole Candrian

Der Saal dunkelt ein, 800 Menschen warten gespannt, bis sich der Vorhang hebt. «Liebe Theaterbesucher, damit Sie in Ruhe die Vorstellung geniessen können, bitten wir Sie, Ihre Mobiltelefone nun auszuschalten. Vielen Dank.» So steht's geschrieben, an der rechten Wand (aus Zuschauersicht), Abend für Abend, vor jeder Vorstellung, egal ob Musical, Oper, Schauspiel oder Kinderstück. Digitale Medien in Form von tragbaren Telefonen im Theater, eine Selbstverständlichkeit. Digitale Medien in Form von sozialen Netzwerken, Augmented Reality, iBeacons sind schon weniger bekannt. Ein jeder kennt Facebook oder Twitter aber nur die wenigsten wissen etwas damit anzufangen. Das Theater

St.Gallen ist seit 2010 stolze Besitzerin eines Facebook-Auftritts und seit 2015 verfügt sie über einen Twitter-Zugang. Die eigene Internetseite www.theatersg.ch nennt sich das zentrale Kommunikationsmedium, ist aber weder mit den sozialen Kanälen verknüpft, noch werden unterschiedliche News auf den drei Kommunikationskanälen publiziert. Warum ist das so? Hängt das mit der Angst vor den neuen Medien zusammen, fehlt das Geld oder ist ganz einfach die nötige Zeit zur Pflege das Problem? Eine Analyse der heutigen Situation und Gestaltungsempfehlungen für die Zukunft sollen Gegenstand dieser Masterthesis sein.

In den geführten Experteninterviews mit Verantwortlichen des Theaters St.Gallen wurde schnell klar, dass digitale Medien in einer Welt der Kunst zwar vorhanden sind aber eben doch den Stellenwert von Statisten haben. Zwar mausert sich die eine oder andere digitale Plattform zum Nebendarsteller, aber die Hauptrolle ist kabelweit entfernt. Ganz im Gegensatz zum deutschsprachigen Theaterraum: Da sieht das schon ganz anders aus. Dort werden extra Stücke für die «neuen Hauptdarsteller» geschrieben, das Publikum wird gebeten digital mitzumachen, die mobilen Geräte sind ein Teil der Publikumsrequisiten. Es werden eigens dafür inszenierte Stücke im Netz aufgeführt, die Zuschauer werden zu Möchtegern-Regisseuren und ab und an dürfen sie sogar kontrolliert den Part der Intendanz übernehmen. Sie haben ein Mitspracherecht bei der Spielplangestaltung, können aktiv ins Theatergeschehen eingreifen und multiplizieren News und Wissenswertes rund ums Theater auf den gängigen Social Media Plattformen. News werden plattformgerecht publiziert und das Zusammenspiel von Print- und Digitalmedien ist durchdacht. Und es funktioniert! Zwar wartet man noch vergebens auf die grosse digitale Euphoriewelle, aber die vereinzelten Experimente werden durchaus vom Publikum angenommen und estimiert.

Sind wir Schweizer einfach zu vorsichtig, zu konservativ? Oder warum hat das Konzert Theater Bern 2013 während der Generalprobe zu «Hexenhatz» den ersten und einzigen Tweetup eines Schweizer Theaters abgesetzt? Passen die digitalen Medien nicht in eine Welt, in der der Mensch im Mittelpunkt steht? Schwer zu glauben, denn schaut man sich heute zum Beispiel Musicals in Schweizer Theatern an, so bauen digitale Medien in Form von Projektionen, intelligenter Einsatz von Licht und Ton doch auch eine Scheinwelt auf, die für die Zuschauer Abend für Abend für ein paar Stunden schon fast zur Realität wird. Ein Theater ohne digitale Unterstützung ist heute kaum noch denkbar. Vorbei sind die urchigen Zeiten, in welchen die Kulissen noch per Seilzügen hoch und runter gelassen wurden – mit menschlicher Muskelkraft, versteht sich. Heute sind die technischen Proben schon fast aufwändiger als die effektiven Proben mit den Darstellern. Und doch stehen die Theater dem Hybrid Social Media Management, also der hybriden Nutzung von Social Media Kanälen in allen Belangen, sehr kritisch gegenüber. Die allgemeinen Bedenken wie Sicherheit, Netzspionage sind aber interessanterweise keineswegs die Hauptgründe, dass das Theater St.Gallen digital nicht aktiver unterwegs ist. Rahmenbedingungen wie beschränkte Ressourcen, finanzielle Einschränkungen und ein unglaublicher Theaterapparat, der fast alle zwei Wochen eine Premiere auf die Bühne bringt, sind die oft genannten Implementationshürden, die in den Interviews dargelegt wurden. Daneben ist und bleibt der Mensch in der Theaterwelt im Mittelpunkt. Das Theater möchte diese beiden Welten gar nicht zu sehr miteinander vermischen. Digitale Medien können höchstens im Rahmen der Kommunikation unterstützend eingesetzt werden. Dort aber können sie ihren überragenden Vorteil der grossen und vor allem zeitnahen Informationsstreuung voll ausspielen. Als Sparringpartner zu den Printmedien werden sie heute und sicherlich auch in der Zukunft eingesetzt. Für das Theater St.Gallen ist es undenkbar auf die eingespielten Printmedien zu verzichten. Zu gross ist die Gewohnheit und sind die Vorteile die sich bestätigen, wenn zum Beispiel die praktische Spielplanübersicht in den ansässigen Coiffeurläden, Bäckereien und so weiter aufgehängt werden.

Den Verantwortlichen des Theaters St.Gallen ist dennoch klar, dass sich das Theater von heute um die neuen Medien scheren muss. Doch welche Massnahmen sind dafür nötig? Wie kann der Einsatz mit den schon heute genutzten Plattformen verbessert werden? Wie können die entdeckten Implementationshürden «übersprungen» werden? Worauf gilt es im Umgang mit Social Media zu achten? Was gäbe es noch für interessante Medien, die die Kommunikation und das Interesse für das Theater St.Gallen wecken könnten? Fragen über Fragen im täglichen Umgang mit den neuen Medien. Doch nicht nur extern stellen sich diese Fragen. Auch interne Prozesse könnten mit dem Einsatz digitaler Medien besser unterstützt werden. So zum Beispiel wäre es doch ein Leichtes einen ersten Eindruck eines neuen Darstellers via Skype zu bekommen. Gerade in der Theaterwelt wo es oft keinen Unterschied macht, welcher Nationalität ein Darsteller angehört, wo er wohnt und wo viel gereist wird, wäre ein digitales erstes Kennenlernen doch praktisch? Dagegen spricht allerdings der persönliche Eindruck, der nun mal via digitalem Netz nicht übertragen werden kann. Da wäre er wieder: der Mensch. Künstler sind eigen, künstlerische Berufe wie die der Theaterdarsteller sind noch spezieller. So speziell, dass ein festgelegter Einsatz von Skype für Bewerbungsgespräche kaum in Frage kommt, jedenfalls nicht für diejenigen, die dann auf der Bühne stehen. Davon ausgenommen sind Berufe hinter der Bühne, hier könnte Skype durchaus einen Mehrwert bieten. Doch wie so oft gilt auch hier der Satz: «Den Menschen ersetzt die Technik im Theater nie!

«Dabei sein oder nicht dabei sein, das ist hier die Frage», in etwas abgewandelter Anlehnung an Shakespeare kann diese Frage wie folgt beantwortet werden: Es führt kein Weg daran vorbei, die neuen Medien miteinzubeziehen. Ignorieren geht nicht, also muss man sich die diversen Plattformen zunutze machen. Hierbei gilt, was sich etabliert hat, sollte nicht komplett geändert werden. Weniger ist mehr, aber dafür die wenigen Kommunikationsmittel regelmässig und geschickt miteinander verknüpft einsetzen, dann kann «Digital Business» mit «Human Business» durchaus harmonieren.

Arbeitssicherheit

KANN EIN "SMARTER SCHUTZHELM" EINEN BEITRAG ZUR GEFAHRENSENSIBILISIERUNG VON LERNENDEN IN BERUFEN MIT HOHEN UNFALLRISIKEN LEISTEN?

Beat Enderlin

„Es ist nicht genug zu wissen – man muss auch anwenden.
Es ist nicht genug zu wollen – man muss es auch tun."
Johann Wolfgang von Goethe

In der Schweiz erleiden jedes Jahr rund 25'000 Lernende einen Arbeitsunfall, drei davon enden tödlich. Die Suva hat sich im Rahmen ihrer Präventionstätigkeit zum Ziel gesetzt solche Todes- und Invaliditätsfälle zu reduzieren und Lernende für die Gefahren am Arbeitsplatz zu sensibilisieren um damit eine Verhaltensveränderung ihres Risikoverhaltens herbeizuführen.

In der Freizeit sorgt bei vielen Menschen ein Wearable für eine Verhaltensveränderung: Man ist zum Beispiel dank eines Wearable motivierter, mehr und bewusster Sport zu treiben. Die Suva hat dies mit der Aktion „Luzern geht gern" selber in den Jahren 2012/2013 bewiesen, als mittels Schrittzähler die Bevölkerung nachhaltig sensibilisiert und zum Mitmachen angeregt werden konnte, täglich rund 10'000 Schritte zu gehen.

Für die vorliegende Arbeit wurde aus diesem Grund die Idee entwickelt, aus dem herkömmlichen Schutzhelm der in Berufen mit hohen Risiken getragen werden muss (z.b. auf dem Bau), ein Wearable im Sinne eines „smarten Schutzhelmes" zu machen. Lernende sollen damit für ihren eigenen Körper sensibilisiert werden: Denn nur wer seinen eigenen Körper kennt weiss auch, wie er ihm etwas Gutes tun kann – dazu gehört auch nicht zu verunfallen. Zudem ist erwiesen, dass körperliche Fitness das Wohlbefinden am Arbeitsplatz steigert und dadurch das Unfallrisiko gesenkt werden kann.

Im ersten Teil der Arbeit werden die begrifflichen und konzeptionellen Grundlagen beschrieben. Welches Modell aus der Verhaltenspsychologie beschreibt die Vorgänge die ein Wearable bei Menschen auslöst am besten? Welche Arten von Wearables gibt es? Was halten Berufsbildner und Vorgesetzte von Lernenden von dieser Idee? Sie sind für die Lernenden verantwortlich und müssen die Idee akzeptieren und an deren Wirksamkeit glauben, ansonsten eine Umsetzung davon nicht sinnvoll erscheint. Deswegen wird die Idee eines smarten Schutzhelmes sowohl aus Sicht der Ausbildner von Lernenden wie auch aus Sicht der Suva untersucht und die theoretischen Grundlagen erläutert.

Im zweiten Teil werden die Ergebnisse analysiert und mit der verfügbaren Literatur diskutiert um letztendlich eine Empfehlung hinsichtlich der Realisation eines solchen smarten Schutzhelmes abgeben zu können. Ganz am Schluss sind noch mögliche Zukunftsvisionen für smarte Schutzhelme sowie das Fazit und der Ausblick beschrieben.

Digital Change

Management

DIE ROLLE VON CHANGE MANAGEMENT IM
KONTEXT DER DIGITALEN TRANSFORMATION

Thomas Knell

Die Reise ins digitale Zeitalter – die sogenannte digitale Transformation – ist für Unternehmen seit einigen Jahren ein hochaktuelles Thema. Umso erstaunlicher ist vor diesem Hintergrund, dass sich gemäss aktuellen Untersuchungen erst 26 Prozent der Schweizer Unternehmen als «Digitale Meister» bezeichnen dürfen und 74 Prozent der Schweizer Unternehmen die Reise noch gar nicht angetreten oder sich gerade erst auf den Weg gemacht haben (Weisflog 2015: 44). Demnach muss es auf dem Weg der digitalen Transformation Herausforderungen geben, die die erfolgreiche Bewältigung dieses Prozesses verlangsamen oder gar verhindern. Sowohl zum Themengebiet der digitalen Transformation als auch zum Themengebiet des Managements von Veränderungsprozessen, des Change Managements, liegen zahlreiche wissenschaftliche Ausarbeitungen vor. Die Frage jedoch, welche Rolle das Change

Management im Kontext der digitalen Transformation einnimmt, ist bis anhin nicht abschliessend beantwortet worden. Diese Lücke wird durch diese Masterarbeit geschlossen. Um dies zu erreichen, werden die digitale Transformation und das Change Management zunächst auf theoretischer Ebene durchleuchtet. Anschliessend wird nach Gemeinsamkeiten beider Themengebiete gesucht. Basierend auf diesen Erkenntnissen werden Thesen zur Rolle des Change Managements im Prozess der digitalen Transformation und zum Gelingen der digitalen Transformation gebildet, die dann mittels Experteneinschätzungen verifiziert werden.

Bevor Unternehmen sich auf die digitale Reise begeben, sollten sie den Grad ihrer digitalen Reife ermitteln, um entsprechende Handlungsfelder identifizieren sowie die Dringlichkeit und den Handlungsdruck aufzeigen zu können. Aufbauend auf diesen Erkenntnissen können die Ziele des Unternehmens im Hinblick auf die digitale Transformation erarbeitet werden. Dabei gibt es drei grundsätzliche Stossrichtungen: Effizienzsteigerung im Unternehmen, Erhöhung der Kundenbindung und Umsatzsteigerung durch neue Produkte. Um schnelle Erfolge erzielen zu können, ist es hilfreich, zunächst auf diejenigen Ziele zu fokussieren, die sich ohne allzu grosse Veränderungen und Investitionen erreichen lassen. Grundvoraussetzung bildet jeweils der Umstand, dass die zur Zielerreichung notwendige Technologie vorhanden ist.

Traditionelle Unternehmen werden auf ihrem Weg zur digitalen Transformation mit zahlreichen neuen Gegebenheiten konfrontiert. So treffen sie auf eine durch Unsicherheit und Volatilität geprägte digitale Welt, in der eine starke Kundenfokussierung vorherrscht und in der netzwerkartige Organisationsstrukturen eher zu den gewünschten Innovationen führen. Auch spielen das über sämtliche Hierarchien hinweg notwendige digitale Know-how und das Sicheinlassen auf die Anforderungen der Mitarbeiter der Generation Y eine grosse Rolle. Mit

Zusammenarbeits-Formaten, wie zum Beispiel OpenSpaces, BarCamps und FedExDays, die in der Strategieentwicklung eingesetzt werden, können sich traditionelle Unternehmen ihr digitales Mindset erarbeiten. Die neuen Formen der Zusammenarbeit sowie das uneingeschränkte Teilen von Wissen werden bei einigen Mitarbeitern zu einem Macht- und Kontrollverlust und damit zu Widerstand führen, welchem Unternehmen bewusst entgegentreten müssen. Umso wichtiger ist in diesem Veränderungsprozess die Rolle der Führung. Die Führungsmannschaft sollte über das nötige digitale Know-how verfügen und sich sowohl aus Personen mit transformatorischen als auch aus Personen mit transaktionalen Eigenschaften zusammensetzen.

Beim digitalen Wandel handelt es sich um einen revolutionären/transformativen Veränderungsprozess, bei dem die klassischen Change-Management-Modelle, wie zum Beispiel von John P. Kotter, angewendet werden können. Jedoch nicht als Projekt mit einem Anfang und einem definierten Ende. Vielmehr ist der Wandel als Dauerzustand zu etablieren und das Unternehmen muss sich mit diesem genauso intensiv auseinandersetzen, wie es dies mit seinen Geschäftsmodellen macht. Dabei gilt es das Unternehmen als Ganzes zu berücksichtigen: von der Strategie über die Kultur und die Technologie bis zur Organisation.

Die Herausforderungen der digitalen Transformation weisen eine hohe Übereinstimmung mit den Erfolgsfaktoren des Change Managements auf. Die Arbeit kommt zu dem Schluss, dass ein konsequent angewandtes Change Management die Basis für das Gelingen der digitalen Transformation bildet. Diese Erkenntnis mag auf den ersten Blick trivial erscheinen. Führt man sich aber die eingangs erwähnten 74 Prozent derjenigen Unternehmen noch einmal vor Augen, die vom Status des «Digital Master» noch weit entfernt sind, wird die Tragweite bewusst.

Den Abschluss dieser Arbeit bildet eine Change Roadmap, die Unternehmen eine Orientierung auf ihrem Weg ins digitale Zeitalter bieten kann.

Knowledge Management als Erfolgsfaktor für den „Besten Service" im Swisscom Customer Support

DER IDEALTYPISCHE PROZESS ALS WEG ZU EINEM GANZHEITLICHEN KNOWLEDGE MANAGEMENT

Eva-Maria Lucena

Die Ressource Wissen und das Management dieser gewinnt bei grossen Dienstleistungsunternehmen immer mehr an Bedeutung. Ein gesamtheitliches Knowledge Management zeichnet sich immer mehr als absoluten Erfolgsfaktor aus. Theoretische Abhandlungen und Erfahrungsberichte aus der Praxis durchleuchten die Thematik und kommen immer wieder zum Schluss, dass Knowledge Management in der heutigen Zeit eine grosse Herausforderung für die Unternehmen darstellt. Die Dynamik der Veränderungen in Wirtschaft, Gesellschaft und Technologie fordert die Unternehmen auf, sich mit kontinuierlichen Veränderungen und Innovation auseinanderzusetzen. Unternehmen müssen sich aufgrund dieser Entwicklung vermehrt mit dem Wissen innerhalb wie auch ausserhalb der Organisation auseinander setzen.

Diese Arbeit setzt sich in einer ersten Phase mit der Literatur auseinander und erörtert, auf welchen theoretischen und wissenschaftlichen Grundlagen der Begriff Wissen und dessen Management aufbaut.

Das Knowledge Management im Customer Support des Privatkunden-Segments der Swisscom dient als praktisches Veranschaulichungs- und Anwendungsbeispiel. Eine Analyse im Unternehmen soll Einblick geben, wie der Customer Support sein Wissen aktuell managt und künftig ausrichten wird. Der Einbezug von weiteren Expertenmeinungen rundet die Veranschaulichung des Umgangs mit Wissen in der Praxis ab.

Die gesammelten Erkenntnisse und Erfahrungen dienen als Grundlage für die Erarbeitung eines idealtypischen Prozesses zur Entwicklung eines ganzheitlichen Knowledge Managements. Abschliessend wird die Arbeitshypothese nochmals aufgegriffen und verifiziert. Grundsätzlich kann die vorliegende Arbeit als praktische Hilfestellung angesehen werden, die auch von anderen Unternehmen, die sich in einem vergleichbaren Umfeld bewegen, genutzt werden kann.

Herausforderungen für die Integrierte Kommunikation im Social Web

EINE QUALITATIVE ANALYSE DER CHANCEN UND RISIKEN ANHAND FÜNF SCHWEIZER GROSSUNTERNEHMEN

Sarah Nünlist

Bereits 1999, lange bevor das Internet Social Media Funktionalitäten aufwies und die Menschen mit ihren Smartphones ständigen Zugang zum Internet hatten, wurde im Cluetrain Manifesto das Ende der Unternehmen der alten Wirtschaft ausgerufen und eine neue Form der Kommunikation, eine neue Art, wie Unternehmen und Markt miteinander sprechen, vorausgesagt.

Rund fünfzehn Jahre später stehen die Kommunikationsmanager „vor der vermutlich grössten Herausforderung, seit die strategische Kommunikation als elementarer Baustein erfolgreicher Führung in modernen Gesellschaften erkannt wurde" (Zerfass, Pleil 2012). Die als *Zielgruppen* und *Empfänger der kommunikativen Botschaften* bisher sorgfältig auf Distanz gehaltenen Anspruchsgruppen erhalten in der digitalen Welt eine neue Rolle: Sie sind zum Sender geworden. Mit eigenen Publikationen schaffen sie über Suchmaschinen auffindbare Inhalte, können gegenüber den Unternehmen ihre Erwartungen formulieren und Werbeversprechen als unwahr entlarven. Konsumenten produzieren heute genauso viel Marketinginformationen wie die Unternehmen selbst.

Getrieben von den technischen Entwicklungen hat sich zudem das Mediennutzungsverhalten verändert. Der explosionsartige Anstieg der verfügbaren Informations- und Unterhaltungsangeboten führt zu einer Reizüberflutung der Konsumenten. Inhalte werden oft nicht mehr bewusst wahrgenommen oder nur flüchtig konsumiert. Für Unternehmen wird es immer schwieriger, ihre Anspruchsgruppen zu erreichen.

Das Konzept der Integrierten Unternehmenskommunikation wird bereits seit Ende der 1980er-Jahre diskutiert und seine Notwendigkeit ist heute in Theorie und Praxis weitgehend anerkannt. Das Umfeld, in dem es agiert, hat sich allerdings mit der Digitalisierung verändert. Welche Wirkung haben die neuen Rahmenbedingungen auf die Integrierte Kommunikation? Dieser Frage geht die Masterarbeit mit Literaturanalysen und Experteninterviews in fünf Schweizer Grossunternehmen nach.

Die Ergebnisse zeigen, dass Unternehmen heute vor einer paradoxen Situation stehen. Zwar hat eine Integration der Kommunikationsaktivitäten im Social Web gar noch an zwar Wichtigkeit gewonnen, insbesondere hinsichtlich der Widerspruchsfreiheit der Botschaften. Allerdings haben sich die Rahmenbedingungen für die Unternehmenskommunikation so profund verändert, dass eine in Integrierte Unternehmenskommunikation nach dem bisherigen Konzeptverständnis nicht mehr umsetzbar ist: In dem komplexen und dynamischen Umfeld des Social Webs ist eine Kontrolle und Steuerung der Kommunikation nur noch bedingt möglich. Das Ziel der meisten kommunikativen Aktivitäten von Unternehmen, nämlich die Anspruchsgruppen zugunsten der eigenen Ziele und Zwecke zu beeinflussen, steht zudem im Gegensatz zur neuen Dialog- und Feedbackkultur. Auch untergraben die Veränderungen in der Mediennachfrage und im Medienangebot die Grundlage, auf der die Unternehmenskommunikation heute aufgebaut ist. Nicht zuletzt führen die Integrationsbemühungen zu einer Homogenisierung und Formalisierung der Kommunikation, was sich nicht mit den Forderungen der Netzwerkgemeinde nach einem persönlichen, spontanen und emotionalen Kommunikationsstil vereinen lässt.

Unternehmen müssen deshalb dringend ein neues Verständnis für die zu integrierenden Handlungsfelder entwickeln, um in Zukunft der steigenden Wichtigkeit einer widerspruchsfreien, abgestimmten Kommunikation gerecht zu werden.

Digital Switzerland

2015

ÜBER 50 PROZENT DER UNTERNEHMEN IN DER SCHWEIZ SIND DIGITALE DINOSAURIER

Sven Ruoss

Welchen Stellenwert hat die digitale Transformation bei Unternehmen und Organisationen in der Schweiz? Wie schätzen Unternehmen und Organisationen in der Schweiz die Chancen und Herausforderungen der digitalen Transformation ein? Welchen digitalen Reifegrad besitzen die Unternehmen und Organisationen momentan in der Schweiz? Die vorliegende Masterarbeit geht den genannten drei Forschungsfragen nach. Da für die Schweiz nicht genügend Datenmaterial zur digitalen Transformation zur Verfügung steht, erfolgt eine eigene empirische Studie quantitativer Art mittels einer Onlinebefragung. Als Grundlage für diese Befragung dienen im Ausland durchgeführte Studien zum gleichen Thema. Im ersten Teil der Arbeit werden auf Basis der bestehenden Literatur die zentralen Modelle und die wichtigsten Erkenntnisse vorgestellt. Nach Informationen zu Methode und Design der empirischen Studie werden die Ergebnisse der Untersuchung präsentiert und bewertet.

74 % der Befragten sind der Meinung, dass die digitale Transformation in den nächsten fünf Jahren eine grosse Auswirkung auf die eigene Branche haben wird. 64 % messen der digitalen Transformation für ihr Unternehmen bzw. ihre Organisation eine grosse Wichtigkeit zu. 72 % glauben, dass das Thema Digitalisierung in den nächsten zwei Jahren noch an Bedeutung gewinnen wird. Für eine Mehrheit der Unternehmen (52 %) ist oder wird die digitale Transformation bis 2017 erfolgskritisch. In 2020 ist die digitale Transformation bereits für 73 % der Unternehmen ein erfolgskritischer Faktor. Diese Bedeutung zeigt sich auch darin, dass bei 56 % die Unternehmensleitung die Verantwortung für die digitale Transformation übernimmt.

Als die beiden wichtigsten Ziele der digitalen Transformation werden „Produkt- und Dienstleistungserweiterungen" und „Verbesserung des Kundenerlebnisses" genannt. Für die Unternehmen und Organisationen sind „Digital Security", „Mobile", „Big Data", „Social Media" und „Cloud Computing" die wichtigsten fünf Technologien. 33 % der befragten Unternehmen haben keine formulierte Digital-Strategie. Eine Mehrheit von 54 % plant, in den nächsten zwei Jahren neue Mitarbeitende mit digitalem Know-how anzustellen.

Beim digitalen Reifegrad besteht noch grosses Optimierungspotenzial. 56 % der befragten Unternehmen gehören in die Kategorie der „digitalen Dinosaurier", bei denen sowohl das digitale Kundenerlebnis als auch die digitale operationelle Exzellenz schwach ausgeprägt sind. 6 % haben ihre Hausaufgaben beim digitalen Kundenerlebnis erfüllt und dürfen sich „digitale Konnektoren" nennen. 12 % fokussieren auf die interne Prozessverbesserung und zählen zu den „digitalen Arbeitern". Lediglich

26 % weisen als „digitale Master" den höchsten digitalen Reifegrad auf. Als die fünf grössten Herausforderungen für die digitale Transformation werden „Einschränkungen beim IT-System", „fehlende finanzielle Mittel", „fehlendes Know-how bei der Führung", „unklare Rollen und Verantwortlichkeiten" und „fehlendes Know-how bei den Mitarbeitenden" genannt.

Aus den Ergebnissen der empirischen Studie können interessante Schlüsse gewonnen werden, welche Ziele die Unternehmen und Organisation bezüglich digitaler Transformation verfolgen und mit welchen Herausforderungen sie momentan kämpfen.

Fachbeiträge

Die Dozierenden der verschiedenen Certificate of Advanced Studies (CAS) steuern die inhaltlichen Grundlagen zum Weiterbildungslehrgang Master of Advanced Studies (MAS) Digital Business der HWZ Hochschule für Wirtschaft Zürich bei. In den folgenden Beiträgen geben einige von ihnen Einblick in ihre Arbeit und ihr Fachwissen.

Content Marketing:
Mehr ist nicht mehr

WER BRAUCHT DENN SCHON MEHR GESCHWÄTZ?

Karin Friedli

Schneller, höher, weiter – der Mensch ist gewohnt, nach mehr zu streben. Was aber, wenn es genug ist? Oder zuviel vom nur halbwegs richtigen? Gedanken über ein kritisches Hinterfragen von vollen Publikationsplänen.

Es war einmal eine Zeit – sie heisst früher – da war alles besser. Auch das, was wir heute (Digital) Content Marketing nennen. Wer regelmässig im Web zu seinen Themen publizierte, war meist relativ alleine auf weiter Flur und damit ungestört mit seiner Zielgruppe. Und auch inhaltlich war schnell einmal der Held, wer mehr zu bieten hatte als eine Website, die seinerzeit aus den eigenen Verkaufsbroschüren abgeschrieben worden war.

Bild: Clemens v. Vogelsang on flickr.com, CC BY 2.0

Zu viel Geschwätz, zu wenig Substanz

Wer heute aus einem fünfjährigen Tiefschlaf aufwachte, riebe sich die Augen: Um einen Bruchteil der damaligen Aufmerksamkeit zu erlangen, ist 2015 in den meisten Fällen ein Vielfaches der früheren Anstrengungen notwendig. Freuten sich Leserinnen und Leser vor wenigen Jahren noch über eine persönliche Ansprache und ein bisschen Dialog, werden sie zunehmend müde und übersättigt.

Speziell in Themenfeldern, die von unterschiedlichen Interessensgruppen bespielt werden, gibt es kaum noch ein Durchkommen: Eine schier unendliche Zahl an Publikationen buhlen beispielsweise im Gesundheits- oder Energiebereich um ihr Publikum – sei es auf Verlags- oder

Unternehmensseite. Am Ende steht die Leserin, der Leser vor einem Informationsberg wie vor dem Cornflakes-Regal einer US-Mall: orientierungslos und genervt.

Mehr Wert. Für wen eigentlich?

Nun wird viel über Relevanz geredet, oder gerne auch über so genannten «Mehrwert» – mein persönliches Unwort der vergangenen zwei Jahre. Nicht etwa, dass ich «mehr Wert» als solches nicht für erstrebenswert hielte. Das Problem dabei ist vielmehr, dass dieser den Umweg über die Empfängergruppen nehmen muss, um dem Unternehmen selber wieder zugute zu kommen. Dieser Umstand bedingt in den meisten Organisationen nach wie vor viel Erklärungs- und Implementierungsaufwand, um letzten Endes Früchte zu tragen.

Ein weiterer Stolperstein ist, dass häufig in erster Linie mit fiktiven Zielgruppen gearbeitet wird und kaum Mittel in die Recherche draussen im Markt investiert werden. Die Bedürfnisse der auf dem Reissbrett skizzierten Persona sind in der Regel erstaunlich nah an dem, was die Marketingabteilung sowieso schon als Botschaft definiert hat.

Mehr ist nicht mehr. Besser ist mehr.

Meine These lautet deshalb: Wir müssen mehr wissen. Über das, was wir zu sagen haben und über die, die es hören, sehen oder lesen sollen. Unsere Inhalte müssen mehr vermitteln als nur Präsenz: mehr Informationstiefe, Zusatznutzen für die Leserschaft, Lösungswege. Wir brauchen Einzigartiges, um uns weniger austauschbar zu machen und unsere Stimme in dem ganzen Lärm klar, vernehmbar und verlässlich zu erhalten.

Was bedeutet das?

- Wir müssen Mittel und Wege finden, tatsächlich mehr über diese echten Menschen zu erfahren, mit denen wir sprechen wollen. Was wir auf dem Papier zu wissen glauben, reicht nicht aus.
- Wir müssen unsere Redaktions- und Publikationspläne kritisch durchleuchten und jeden Bestandteil auf den Prüfstand stellen: Ist das gut oder kann das weg?
- Möglicherweise investieren wir die zur Verfügung stehenden Ressourcen neu in nur fünf Content-Einheiten statt zuvor in zehn, machen aber jeden einzelnen der verbleibenden um 50% bis 100% besser.
- Die Distribution der eigenen Inhalte braucht einen Plan, Ressourcen und Budget. Der Content muss den richtigen Empfänger, die richtige Empfängerin erreichen, zur richtigen Zeit und am richtigen Ort.

Macht das Arbeit? Mit Sicherheit. Macht das Spass? Im Idealfall ja, vielleicht aber auch nicht. Trotzdem: Bisher hat sich bei uns noch nie jemand darüber beklagt, dass im Unternehmen überflüssige Ressourcen für Content-Massnahmen vorhanden seien. Es gibt keinen besseren Grund, die zur Verfügung stehenden Mittel mit Bedacht und so wirkungsvoll wie nur möglich einzusetzen.

Über die Autorin:

Karin Friedli ist Expertin für dialogorientierte Online-Kommunikation; sie wird von Unternehmen und Verwaltungen für Fragen rund um

Online-PR und Content Marketing hinzugezogen. Die Unternehmerin und Mitinhaberin eines Beratungsunternehmens kombiniert langjährige Erfahrung in der klassischen Kommunikation mit Praxiswissen aus einer Vielfalt von Online-Projekten. Sie gibt ihr Wissen an verschiedenen Fachhochschulen weiter.

Innovation in Unternehmen: Von Spielwiesen und Dream-Teams

Nadine Stutz

Strukturen überwinden, Agilität fördern, Fehler zulassen – Für die meisten Unternehmen aktuelle Top-Themen im Zeitalter des Digital Change. Doch wie verordnet kann Kreativität sein? Wie disruptiv müssen Ideen wirklich sein? Eine Geschichte über Dream-Teams und das Glück des Anfassens.

Look but don't touch – Wieso eigentlich?

Als Kinder haben wir irgendwann einmal gelernt, dass wir nicht mit den Händen schauen dürfen. „Bitte nicht anfassen" wird bei den meisten noch in Erinnerung sein. In einer zunehmend digitalisierten und immer komplexeren Welt eine ziemlich passende Aussage. Könnte man

Photo by Thomas Züger

meinen. Aber wer erinnert sich nicht an die haptische Sensation des ersten Schnees? An das Parfum der ersten Freundin? An das Lieblingslied aus seiner Jugend? Erlebnisse sind unweigerlich mit all unseren Sinnen verbunden, nicht nur mit dem Sehen.

Betrachtet man auf der Innovations-Ebene das Bestreben in den Unternehmen, dann sind Aussagen wie „Denkt innovativ – seid kreativ" meist nicht weit weg. Gut gemeinte Aufforderungen, Weckrufe, von einigen sicherlich umsetzbar. Doch wie weckt man die Lust an Innovation? Wie baut man Berührungsängste bei Mitarbeitenden ab? Was ist mit Mitarbeitenden, die ihre Ideen nicht in Meetings präsentieren, die keine Plattformen haben sich einzubringen – den Hidden Champions?

Alles digital oder was?

Wir wurden dieses Jahr genau mit dieser Frage konfrontiert. Im Rahmen eines Projektes wurden alle Raiffeisen-Mitarbeitenden aufgefordert über Themen der Zukunft u.a. Innovation sowohl digital wie auch analog an einem Grossanlass zu diskutieren. Das Interesse war gross, der geplante Austausch sollte intensiv werden. Doch uns, einem Team bestehend aus IT und Kommunikation, fehlte im Thema "Innovationskraft und Digitalisierung" ein zentrales Element: das Erlebnis. Das Anfassen, Ausprobieren, Neues entdecken. Physisch, nicht in Kommentarspalten und Q&As auf einer Plattform.

Wir stellten uns drei zentrale Fragen:

1. Wie macht man Innovation erlebbar?
2. Wie baut man Ängste ab?
3. Wie fördert man den kreativen Austausch?

Die Antwort auf alle drei Fragen war die gleiche: spielerisch.

Jede Idee zählt!

Entsprechend kreierten wir für diesen Grossanlass einen Innovationsstand mit zehn Touchpoints. Diese ermöglichten es den Mitarbeitenden, umgesetzte und aktuelle Innovationsprojekte von Raiffeisen sowie neue Technologien spielerisch und mit allen Sinnen zu erleben und entdecken. Damit wollten wir Interesse wecken und Berührungsängste abbauen.

Zusätzlich konnten, ganz nach dem Motto «für gute Ideen braucht es gute Ideen», alle Mitarbeitenden ihre Ideen und Gedanken einbringen.

Dazu standen vor Ort sechs Zeichnerinnen und Zeichner bereit, welche Ideen visualisierten und an so genannten «Wall of Ideas» aufhängten. So konnte sich jeder erneut inspirieren lassen und zusätzlich mit Flüssigkreide eine Idee weiterentwickeln oder kommentieren.

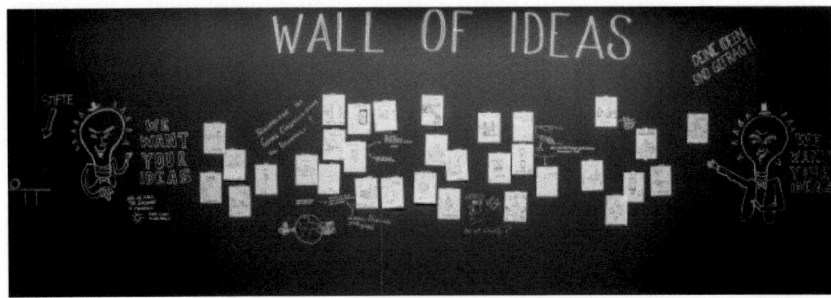

Photo by Felix Walker

Nicht wirklich disruptiv. Sicherlich keine Neuheit. Bestimmt schon mehrfach eingesetzt. Aber für unsere Fragestellung die richtige Antwort. Für unsere Bedürfnisse die richtigen Instrumente.

Welche Erkenntnisse haben wir gewonnen?

- Abteilungsübergreifendes, gemeinsames Arbeiten ist nicht immer einfacher, aber spannender, zielführender und humorvoller. Dream-Teams sind Realität, auch ausserhalb des Basketball-Platzes
- Wir müssen Menschen mit gleichem Mindset zusammenbringen, unabhängig von der Hierarchie. Ein solcher "Digital Backbone" ist entscheidend
- Jeder ist gut. Alle sind kompetent. Aber manchmal muss das eigene Ego-Tierchen Ferien machen

- Mut zu Spass und Spiel – sie sind starke Treiber für Innovation
- Solche Vorhaben brauchen den Willen einen Schritt weiterzugehen, eine Macher-Qualität mit dem Wunsch etwas zu bewegen – es lohnt sich

Wie es weitergeht? Ganz im Sinne von einmal hin und zurück: mittlerweile haben wir eine Innovationsplattform gebaut, auf welcher jeder Mitarbeitende seine Idee einreichen kann. Diese kann kommentiert und über eine Weiterentwicklung abgestimmt werden. Auf der Plattform sollen die Experimentierfreude, der Austausch und das Wissen gefördert werden. Ob wir damit innovative Ideen generieren und diese auch erfolgreich umsetzen werden? Vielleicht. Ob wir damit einen aktiven Beitrag zu einer erlebbaren Experimentier-Kultur leisten? Auf jeden Fall!

Zur Autorin:

Dr. Nadine Stutz verantwortet bei Raiffeisen Schweiz die digitale Kommunikation. Sie unterstützt und berät die Fachbereiche bei Fragen zur Digitalen Kommunikation, Digitalisierung und Social Media. Gemeinsam mit Stefan Jeker, der als IT-Abteilungsleiter Digitalisierungs-Themen umsetzt und sich mit viel Herz für das Fördern der Innovationskraft einsetzt, schaffen sie erwähnte Spielwiesen und bauen Dream-Teams. Nadine Stutz unterrichtet als Dozentin an diversen Hochschulen und anderen Ausbildungsinstituten.

Flucht aus bezahlten

Medien

IN RICHTUNG LEIDENSCHAFT UND RELEVANZ

Alexander Gligorijevic

Der Guide Michelin wurde 1900 zum ersten Mal publiziert. Zu Beginn füllten die Redakteure die Publikation tatsächlich mit Tipps rund um das Auto, Adressen von Werkstätten oder Benzindepots. Die Absicht hinter der Publikation war von Anfang an, die wenigen tausend Automobilisten, die es in Frankreich gab, zum Gebrauch ihrer Gefährte zu animieren. Doch kein Werbespruch ist charmant genug, um diese knallharte Absicht zu verschleiern. Also hat sich Michelin ab 1923 dazu entschieden, seine Kunden über einen grossen Umweg abzuholen. Essen ist ein leidenschaftliches Thema – nicht nur für die Franzosen. Michelin hat damit begonnen, Restaurant- und Hotelempfehlungen in den Guide aufzunehmen. Alles mit der Absicht, dass sich die Kunden in ihre Peugeots und Citroëns setzen und möglichst viele Restaurants besuchen. Das Händlernetz von Michelin deckte sich grösstenteils mit der geographischen Verteilung der besprochenen Restaurants.

Dass guter Inhalt als König in der Kommunikation und als Herzstück jeder Social Media Strategie gilt, weiss mittlerweile jedes Kind. Doch lässt sich allein mit nützlichen oder unterhaltsamen Informationen jede Zielgruppe überzeugen? Das kommt darauf an, worum sich der Inhalt dreht. Das besondere an sozialen Medien ist, dass man mit anderen Nutzern interagiert, mittels Likes, Kommentaren oder dem Teilen von Inhalten. Folglich sollte der Inhalt für die Nutzer so relevant sein, dass sie sich nicht nur selber damit auseinandersetzen, sondern auch mit anderen darüber diskutieren. Guter Content hat sich deshalb im Kampf um Aufmerksamkeit zu einer neuen Währung entwickelt.

Dank Social Media ist heute jede Organisation, sei sie auch noch so klein, in der Lage, Informationen kostengünstig und für alle zugänglich zu publizieren. Dass aber die reine Präsenz in Social Media nicht gleichzusetzen ist mit breiter Sichtbarkeit, haben die meisten Organisationen mittlerweile gelernt. Vom Gipfel der überzogenen Erwartungen sind viele schon wieder abgestiegen und arbeiten sich gerade aus dem Tal der Enttäuschung hoch auf das Plateau der Produktivität.

Konkurrenz zu traditionellen Medien

Die rasch sinkende Wirksamkeit von traditionellen Werbemitteln zwingt die Marketing-verantwortlichen zur Suche nach Alternativen. Viele Unternehmen setzen nun verstärkt auf das Content Marketing – auf unterhaltsame und nützliche Informationen statt auf plumpe Werbebotschaften. Es gibt durchaus Unternehmen, denen es gelingt, ihre Zielgruppen über Content an sich zu binden und damit in direkte Konkurrenz mit traditionellen Medien zu stehen. Otfried Jarren, Prorektor an der Universität Zürich und Professor am Institut für Publizistik und Medienforschung gab Im Juli 2014 in der NZZ zu Protokoll: *„Die unabhängigen Medien sind in den vergangenen Jahren auch deswegen* *unter Druck geraten, weil immer mehr Inhalte produziert werden; von anderen Medienhäusern, von Bloggern, aber auch von Unternehmen und Nonprofitorganisationen (...) Allergiker zum Beispiel finden in den täglichen Massenmedien kaum diejenigen Informationen, die sie brauchen im Frühling. Also halten sie sich an Publikationen von Herstellern, die in quasi-journalistischen Formen daherkommen. (...) Auch hier stehen Zeitungsverlage zusehends in Konkurrenz zu Firmen, die keine Medienunternehmen, aber medial trotzdem prasent sind."*

Das Leidenschafts-Relevanz-Modell

Im Rahmen der Vorlesung Content-Planung im CAS Social Media Management wie auch bei Kunden, die ich als PR-Berater bei der Jung von Matt/Limmat AG beraten habe, kam immer wieder die Frage auf, ob man in sozialen Medien präsent sein soll und wenn ja, mit welchen Inhalten. Um die Frage etwas sachlicher diskutieren zu können, habe ich schliesslich das einfache Leidenschafts-Relevanz-Modell als Entscheidungshilfe skizziert. (Siehe Abbildung.)

Das Informationsverhalten ändert sich mit dem Thema

Je nachdem, welche Bedeutung ein Thema für uns hat, beschaffen wir uns Informationen auf verschiedene Art und Weise. Zwei ausschlaggebenden Kriterien sind meiner Ansicht nach die Relevanz des Themas und die Leidenschaft, die wir für ein Thema hegen. Wer von einem Thema begeistert ist, sucht aus freien Stücken auf Google nach dem Thema, liest Blogartikel, Einträge in Foren oder schaut sich Videos zum Thema an. Je grösser die Leidenschaft, desto eher recherchiert die Zielgruppe selbst und intensiv nach dem Thema. Der andere treibende

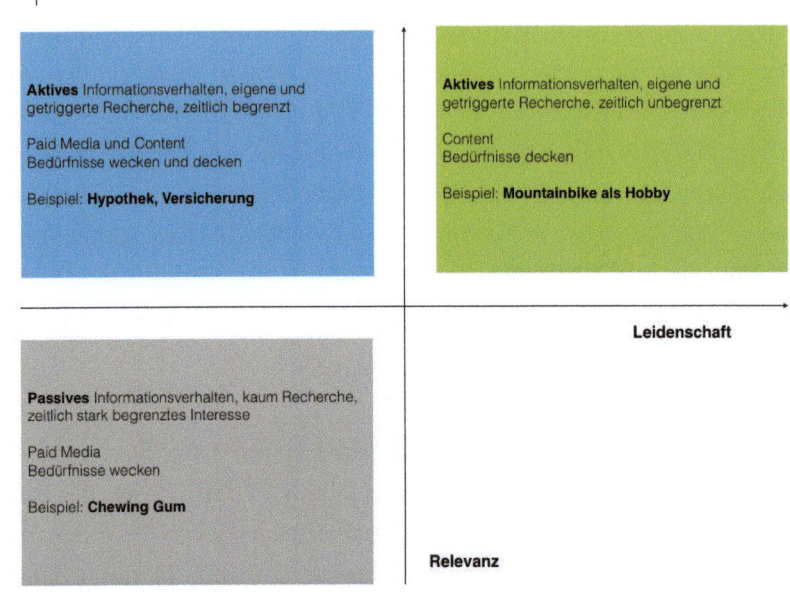

Leidenschafts-Relevanz-Modell (A. Gligorijevic, 2015)

Faktor für die Auseinandersetzung mit Inhalten ist die Relevanz des Themas. Wer den Führerschein machen will oder eine Hypothek aufnehmen, wird aktiv nach den Voraussetzungen und Angeboten recherchieren. Mag sein, dass die Leidenschaft für die Hypothek nicht riesig ist, aber die Relevanz ist gegeben.

Warum es das „Chewing Magazine" nicht wirklich gibt

Calvin, Hauptfigur des Comics „Calvin and Hobbes" ist ein treuer Leser des „Chewing Magazine", das seinen Lesern regelmässig Neuigkeiten zu ihrem Hobby präsentiert. Natürlich ist das Magazin frei erfunden.

Wer, ausser Calvin natürlich, sollte sich länger als notwendig mit dem Thema Kaugummi beschäftigen. Im linken unteren Quadranten Im Leidenschafts-Relevanz-Modells finden sich Produkte, die weder Leidenschaft auslösen, noch eine grosse Relevanz für die Nutzer haben. Als Beispiel sei der Kaugummi genannt. Um Aufmerksamkeit zu erzeugen, muss das Unternehmen einen grossen Schritt auf den Konsumenten zugehen und seine Aufmerksamkeit für kurze Zeit mit einem unglaublich kreativen Werbemittel gewinnen. Ein längerer Blogartikel zum Thema Kaugummikauen würde wohl schier ungelesen auf dem Firmenblog in Vergessenheit geraten. Im linken oberen Quadranten finden sich Themen, die ebenfalls keine Leidenschaft beim Konsumenten wecken, aber Relevanz haben. Als Beispiel sei die Hypothek oder der Abschluss einer Versicherung genannt. Mittels bezahlter Werbung lässt sich der potentielle Hausbesitzer zu einer vertieften Auseinandersetzung mit dem Thema bewegen. Im rechten oberen Quadranten sind die Themen angesiedelt, die für die Zielgruppe eine hohe Relevanz und eine hohe Leidenschaft aufweisen. Als Beispiel sei hier der enthusiastische Mountainbiker genannt. Seine Leidenschaft schlägt sich im langen und intensiven Konsum von Information und Content rund um das Thema nieder.

Ein Handel mit der Zielgruppe

Für Unternehmen oder einzelne Produktgruppen, die vermehrt auf Inhalte setzen und die bezahlte Werbung zurückfahren wollen, stellt sich daher die Frage: Kann das Unternehmen ein relevantes Thema mit dazugehöriger leidenschaftlicher Zielgruppe ins Zentrum rücken, das gleichzeitig auch als inhaltliche Basis zur Erreichung der Marketingziele taugt? Im Idealfall deckt sich das Thema mit den Produkten und Dienstleistungen des Unternehmens. Dies ist aber nur äusserst selten der Fall. Red Bull rückt das eigene Produkt, ein goldfarbenes, kohlensäurehaltiges Süssgetränk, komplett aus dem Fokus. Das Unternehmen ist zu einem Medienunternehmen mutiert, dessen Inhalte zwar die Marke Red Bull tragen, aber völlig von dem eigentlichen Produkt losgelöst sind. Dank der ständigen Präsenz der Marke auf den Mobilgeräten der Zielgruppe, gepaart mit dem dichten Netz an Red Bull Verkaufsstellen, geht die Rechnung auf. Die mit Werbebotschaften zugemüllten Konsumenten folgen Themen, Wünschen, Träumen, Keywords, Events oder Personen – aber nur sehr selten in erster Linie Brands. Die Strategie von Red Bull oder Michelin besteht darin, auf die Konsumenten zuzugehen und die eigene Marke hintanzustellen.

Für Unternehmen, die nicht das Zeug haben, um die Zielgruppe mit Inhalten zu begeistern, hat Mark Zuckerberg einen Lösungsvorschlag, den immer mehr Unternehmen annehmen: Bezahlte Werbung in sozialen Medien schalten. Ob Facebook damit am Ast sägt, auf dem es sitzt, wird sich zeigen. Denn auf Facebook tummeln wir uns eigentlich nicht, um Werbebotschaften eingeblendet zu bekommen.

Chief Digital Officer - Mit digitalem Know-how ganz nach oben?

Regine Haschka-Helmer & Klemens Dreesbach

1. Was ist ein CDO und was gehört zu seinen Aufgaben?

Mc Donald's, Toyota, Starbucks, Nestlé und L'Oreal haben bereits einen. Zahlreiche deutsche Unternehmen überlegen derzeit, ob sie einen einstellen sollen, andere denken schon wieder darüber nach ihn abzuschaffen. Den Chief Digital Officer; einen Neuzuwachs auf Vorstandsebene. Aber was genau macht ein CDO eigentlich und warum wird so viel über Sinn und Unsinn dieser Position diskutiert? Zu diesem Zweck haben wir mit einer gesprochen, die's wissen muss: Stefanie Waehlert ist Chief Digital Officer bei TUI Deutschland und hat "Our digital journey", die digitale Zukunftsstrategie der TUI, in ihren ersten Monaten entworfen.

Digitale Transformation ist Chefsache

Stefanie Waehlert: *„Der CDO im Sinne der TUI Deutschland ist derjenige, der die Online Strategie entwickelt, die digitale Transformation von der Business Seite her vorantreibt und das eCommerce Geschäft verantwortet. Der CDO ist Stratege, Umsetzer, Change Manager und Impulsgeber in einem. Er verzahnt das gesamte Unternehmen, damit die Customer Journey on- wie offline ein überzeugendes Kauf-, Service- und Reiserlebnis wird."* Grundsätzlich kümmert sich der CDO also um die digitale Transformation in einem Unternehmen und zwar mit einem eigenen Sitz im Vorstand. Und den braucht er oder sie auch um überhaupt handlungsfähig zu sein. Denn es werden auch durchaus bestehende Businessmodelle hinterfragt und neue Produkte und Services oftmals erst durch die Digitalisierung ermöglicht.

Die Aufgaben eines CDOs umfassen die Erarbeitung einer eindeutigen Strategie zur Digitalisierung des Unternehmens und deren Umsetzung:

- Prozesse: Wie können durch Digitalisierung interne Prozesse effizienter gestaltet werden und welche Voraussetzungen wie Strukturen oder Technologie müssen dafür geschaffen werden?

- Marketing & Sales: Definition der Digitalstrategie für Marketing, Kommunikation & Sales. Welche digitalen Kanäle werden genutzt? Welches Budget wird dafür zur Verfügung gestellt. Wie kann die Kundenakquisition, Support und Vertrieb über digitale Kanäle effizienter gestaltet werden. Wie kann der Absatz über digitale Kanäle gesteigert werden? Wie sieht die Social Media Strategie des Unternehmens aus?

- Digitale Produkte und Services: Der CDO ist gefordert die

Potentiale durch Digitalisierung zu identifizieren und für das Unternehmen zu nutzen. Dazu gehören auch die Entwicklung von neuen digitalen Produkten und Services die zum Einen neue Einnahmequellen für das Unternehmen erschließen und zum Anderen auch die Kundenzufriedenheit steigert. s

- Big Data: Welche Daten werden im Unternehmen gesammelt und wie werden sie ausgeweitet und verwendet?
- Know-how und Kultur: Welches Know-how muss bei den Mitarbeitern im Unternehmen vorhanden sein um die Themen intern auch umsetzen zu können. Welche neuen Arbeitsmethoden und Tools können eingesetzt werden um die Zusammenarbeit im Unternehmen zu verbessern und die digitale Transformation voran zu treiben?

Challenge by nature

Von der Digitalisierung betroffen sind dabei alle Unternehmensbereiche: von den Mitarbeitern und ihren Kompetenzen, über die internen Prozesse und Strukturen bis hin zu den Absatzwegen und Kommunikationskanälen. Dabei muss der CDO in gleichen Teilen als Treiber wie auch als Mediator vorgehen. Er muss einerseits die bestehende Ordnung in Frage stellen, andererseits die Mitarbeiter aller Abteilungen auf die digitale Reise mitnehmen und ständig und überall für seine Vision werben.

Dabei hat er oder sie die wirksamen, nämlich quantitativen Argumente auf seiner/ihrer Seite. Denn alles was ein CDO bewirkt, oder auch nicht, kann bzw. muss sich durch Datenanalyse, oftmals in Echtzeit, belegen lassen. Waehlert: *"Um die digitale Transformation im Unterneh-*

men voranzutreiben, gibt es eine firmeninterne Wachstumsstrategie für die kommenden fünf Jahre. An der Ausarbeitung dieser Strategie waren alle Unternehmensbereiche beteiligt".

2. Was für ein Profil muss ein erfolgreicher Kandidat mitbringen?

Der Engländer nennt es elegant einen ‚jack of all trades‘ oder, branchennäher formuliert, ein ‚all-in-one device suitable for every purpose‘. So zumindest fühlt sich manch ein CDO. Denn er oder sie muss sehr viel mitbringen und so einiges können. Den Chief Digital Officer als IT Manager mit technischem Hintergrund zu sehen, wäre nicht nur viel zu kurz gegriffen sondern schlichtweg falsch. Sie kommen aus allen möglichen Bereich: Betriebs-, Volkswirtschaft, Kommunikation, IT, Verwaltung, Produktentwicklung, Dienstleistung und vielen anderen. Allen gemein ist, dass sie zahlreiche, belastbare und langjährige Erfahrung in der digitalen Welt in Führungspositionen gesammelt haben. Es sind auch viele dabei, die selber digitale Produkte entwickelt, verkauft und auch schon mal ein Startup gegründet haben. Waehlert: *„Der CDO sollte umfassende Erfahrung im eCommerce haben sowie in den mobilen Umfeldern, und schon verschiedene digitale Geschäftsmodelle selbst verantwortet und weiterentwickelt haben. BWL Know-how ist die Basis, aber auch das technische Grundverständnis, um entsprechend mit dem CIO zu interagieren und die Anforderungen an die IT formulieren zu können, gehört dazu. Zudem ist sehr hilfreich, wenn bereits erste Erfahrungen in umfassenden Transformationsprozessen mitgebracht wird. Der Leadership Stil sollte modern sein: offen, transparent, hierarchielos, agil und kooperativ. Außerdem hilft es sehr, wenn man in unterschiedlichsten Unternehmensgrößen gearbeitet hat: Start up, Mittelstand und Konzern.*

Digitale Kompetenz und Chief Evangelist

Der CDO muss natürlich auch Leidenschaft mitbringen; das heißt es braucht ein grundlegendes technisches Verständnis und ein großes Interesse daran, was man mit neuer, innovativer Technologie realisieren kann. Auch einen guten Überblick über aktuelle digitale Trends sowie ein tiefes Verständnis von Nutzerbedürfnissen muss er/sie mitbringen. Wichtig: ohne datenbasierte Entscheidung ist hier nichts machbar. Ein CDO muss ein hohes Maß an Affinität und Verständnis für Daten und deren Analyse haben. Vor allen anderen Dingen muss ein CDO jedoch wirklich beseelt sein von der Digitalisierung und ihrem Potential. Er braucht viel Energie, Mut und Überzeugungskraft, denn Veränderung ist nicht für alle Mitarbeiter in einem Unternehmen positiv. Durch die Transformation entstehen zwar oftmals neue Möglichkeiten. Aber ebenso muss man sich gelegentlich von altgeliebten verabschieden und neue Wege gehen.

3. CDO vs. CIO – neuer Player auf dem Feld oder Rollenwandel?

Eine aktuelle, recht kontrovers geführte Diskussion lautet: kann denn nicht der Chief Information Officer (CIO bzw.CTO) den Job vom CDO machen? Hier muss man etwas genauer hinschauen, um sich ein umfassendes Bild machen zu können: Der CIO kommt in aller Regel aus der Informationstechnologie und verfügt über eine hochspezialisierte Fachausbildung. Digitale Transformation wird zwar durch Technologie ermöglicht bzw. getrieben, umfasst aber sehr viel mehr als nur IT. Wer den Nutzer nicht versteht oder keine Erfahrung im Gestalten von digitalen Business Modellen hat, der wird es an dieser Stelle schwer haben. Digitalisierung betrifft wie gesagt alle Unternehmensbereiche und alle

Prozesse; und zwar als Disrupter und nicht als Dienstleister. Hier wird unter Umständen ein anderes Mindset benötigt. In die aktuelle Diskussion mischen sich weitere neue Rollen wie bspw. die des Chief Marketing Technologist (CMT) oder Chief Marketing Engineer (CME) und zahlreiche andere. Hier ist im Moment viel im Fluss; eines ist sicher: es kommt Bewegung in die Vorstandspositionen. Eine mögliche Betrachtungsweise laut Stefanie Wahlert:

Je nach Reifegrad der digitalen Transformation in den Unternehmen, sind der CDO und CIO mind. die ersten 5 Jahre ein enges Team. Der CDO ist dabei meiner Meinung nach eine Imterimsrolle, die nach erfolgreicher digitaler Transformation nicht mehr benötigt wird. Der CCO (Verantwortung stationäre Vertrieb und eCommerce) und CIO übernehmen ab da. Möglich ist, dass der CDO die Rolle des CCOs übernimmt und Marketing dort mit integriert wird.

4. Welche Unternehmen brauchen einen CDO und warum?

Grundsätzlich muss sich jedes Unternehmen, egal welcher Branche es angehört, wie viele Mitarbeiter es beschäftigt, welche Produkte und Services es verkauft und unabhängig davon, wie viel Umsatz es macht, einer Digitalisierung unterziehen. Um diesen Prozess, der oftmals als digitale Transformation bezeichnet wird, erfolgreich durchführen zu können, wird sowohl Kompetenz als auch Handlungsspielraum und Leadership Buy-In benötigt. Hierzu braucht es in größeren Strukturen die Position des CDO. Stefanie Wahlert empfiehlt: *Unternehmen, deren DNA nicht das Online Business ist, die jedoch um zukünftiges Wachstum abzusichern das Digitale Geschäft ganzheitlich entwickeln wollen und das eng verzahnt über alle Kanäle (on- wie offline) benötigen einen CDO.*

5. Tipps von jemandem, der's wissen muss:

Digitale Transformationen sind nichts für Sprinter, hier sind Martathonläufer-Qualitäten gefragt, die viel Geduld und einen langen Atem benötigen. Entscheidend ist, dass das gesamte Leadership Team diesen Weg über 5-7 Jahre unterstützt und die notwendigen Investments freigibt. Eine digitale Transformation kann nur erfolgreich sein, wenn alle im Unternehmen eng verzahnt an dieser Vision festhalten und sich zusammen diesen neuen Weg erarbeiten.

Statement der Autoren Regine Haschka-Helmer, Klemens Dreesbach, Seedlab GmbH

Die Digitale Transformation ist ein Thema, das alle Bereiche und Unternehmen betrifft, nachhaltig Prozesse verändert und völlig neue Geschäftsmodelle entstehen lässt. Die Schnelligkeit, mit der ein digitaler Wandel stattfindet, überfordert die bestehenden Unternehmensstrukturen, die auf solche umwälzende Veränderungen im bestehenden Geschäft nicht ausgerichtet sind. Die Anforderungen sind hoch und werden an alle Bereiche des Unternehmens gestellt: Von Unternehmenskultur, über Produktionsprozesse bis hin zu Marketing und Kundenkommunikation, überall sind tiefgreifende Veränderungen nötig. Neben dem operativen Geschäft schafft es kaum ein Manager sich diesen Herausforderungen zu stellen obwohl der Wert eines Unternehmens künftig noch stärker anhand der unternehmenseigenen digitalen Assets bemessen wird, denn die Digitalisierung bietet auch viel Potential für Unternehmen.

Für diese Herausforderungen wurde eine neue Position geschaffen: der CDO

Digital trust

TOWARDS A MORE SUSTAINABLE APPROACH TO PERSONAL DATA

Daniel Glinz

Advances in information and communications technology, combined with exponential growth in data, have given rise to a more empowered consumer. Online users have learned how to compare services and their prices. They have found ways to make their voice heard, by providing feedback and therefore stepping into the territory of traditional brand communications. The downside of this is that the customers themselves, together with their preferences, needs and identity, have become more transparent. Preventing personal data from being processed is no longer a realistic, feasible approach in an Internet enabled society. It is rather increasingly important to understand how businesses should use disclosed data and how control over this data can be brought back to the individual. Today, the majority of digital businesses rely on an ad-centric, data driven business model. However, they have missed and often intentionally neglected the opportunity to establish a trust-based relationship with their customers. Users are forced to blindly trust in fair and lawful conduct. The steady erosion of privacy results in pervasive concerns regarding the use of personal data. In a world where privacy is withering away like ice in summer, understanding and building online trust are essential business capabilities. Digital trust is moving further away from the traditional concept of trust in people and becoming more similar to institution-based trust. This article introduces a comprehensive, strategic approach to understanding digital trust. The iceberg model is used to pay attention to different component of trust and provides a framework that allows marketing professionals to understand how trust is built.

As the data volumes grow, business analytics capabilities become more and more powerful. This underlines the hypothesis that true privacy on the Internet does not exist – any more. Even if a service provider guarantees privacy, users bear a certain risk that their personal data are mined and brought in context with their identity at a later stage. Modern analytics may inadvertently make it possible to re-identify individuals over large data sets. The numbers of data points that can be used to build a rich profile of users are countless. An insurance company can for example monitor the characteristics of a prospect's keyboard usage (speed of typing and moments of hesitations, typing pressure and usage of small caps versus uppercase), which can reveal relevant information. Hesitation, for example, shows limited decisiveness and therefore may give hints regarding a customer's willingness to pay. Individuals can often be re-identified from anonymised data because their personal data often narrows possible combinations down and finally leads to the individual. Thus, online privacy is at risk. As a natural reaction to the described developments, consumer concerns regarding the disclosure of personal data are increasing. However, the motivation of online businesses to protect their users privacy and to act as advocates for the customers is often surprisingly low. It is usually limited to pursue objectives in marketing, such as avoiding reputation risks. Businesses have to change their attitude in order to be successful in the future.

Studies conducted by leading management consultancies reveal that the perceived confidence in the security of personal data is alarmingly low. Only about one third of the respondents in Europe trust in the security of their data (Accenture, 2014). The research also identifies significant differences in the acceptability of data use and confidence in the security of personal data between countries. While respondents in India show the highest confidence (72%), only one in four Japanese users think that their data is safe. Users consider certain data types, such as credit card data and financial data, as the most private. Data types that are not directly linked to the identity, but only to the profile of a user (such as age and gender) are perceived as less delicate. But despite consumers' distrust, there is hope for data scientists and marketing specialists; Although today's internet users are very much concerned about privacy and the integrity of their business partners, two third of consumers globally are willing to share additional personal data in exchange for additional services or discounts. European companies that successfully establish a trust-based relationship with their customers can increase access to consumer data by about ten times (BGC, 2013).

How digital trust reduces complexity

Ever since the World Wide Web became a global phenomenon, scientists from a wide range of disciplines have tried to make the trust construct comprehensible. These studies all build on the broad scientific work that originates from a more analogue world. Deutsch has developed one of the most fundamental definitions for trust (1962): He defines a framework in which an individual faces two aspects. First, the individual has a choice between multiple options that result in outcomes that are perceived as either positive or negative. Second, the individual acknowledges that the actual result depends on the behavior of another person. Deutsch also mentions that the trusting individual perceives the effect of a bad result as stronger than the effect of the positive outcome. Thus, trust is built, if a person assumes that the aspired beneficial result is more likely to occur than a bad outcome. Important factors in the trust equation are missing control, vulnerability and the existence of risk (Petermann, 1985). The existence of multiple options and diverse scenarios lead to ambiguity and risk. Faced with numerous possibilities, individuals must reduce complexity in order to eventually make a decision and not to fall into the trap of analysis paralysis. Trust is such a mechanism that reduces social complexity. It plays a central role in helping consumers overcome perceptions of risk and insecurity (McKnight, 2002). This context is best captured in the definition of trust developed by Mayer, Davis and Schoorman (1995: 712): "Trust is the willingness of a party to be vulnerable to the actions of another party based on the expectation that the other will perform a particular action important to the trustor, irrespective of the ability to monitor or control that other party".

A trust model that resembles the shape of an iceberg

In the context of trust, the iceberg metaphor works in many different ways: First of all, trust must be seen as a precious good. It is hard to build, but can be lost very quickly. This makes it both a key differentiator to win against the competition and a potential pitfall that can easily destroy organizations. The Volkswagen emissions scandal has demonstrated how quickly trust is lost. It showed that even strong brands from traditional brick-and-mortar businesses can become severely damaged. The Internet accelerates this process. Bad news or reviews are spread at light speed around the globe and once negligible pieces of information can cause harmful shitstorms to spiral out of control. Like an iceberg at open sea, trust issues must be recognized early and marketers need to sail elegantly around such perils. On the other hand, trust is vital. Ongoing melting of the polar ice caps will inevitably raise the sea level and put coastal areas in danger. Similarly, if the trust factor is neglected, organizations are missing out on potential business opportunities and putting themselves at risk to be sunk by the competition.

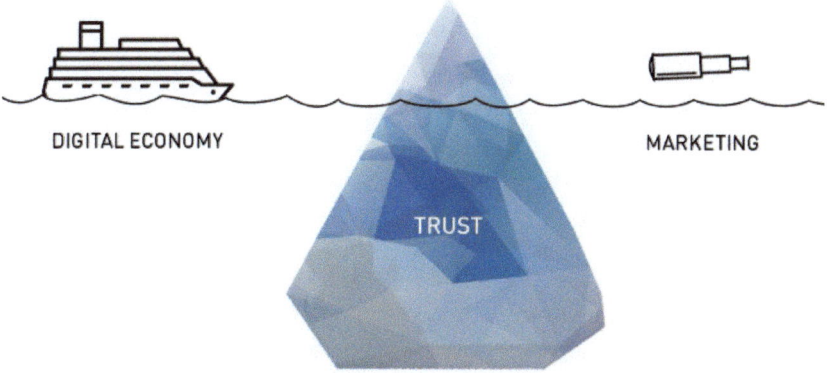

DIGITAL ECONOMY   MARKETING

TRUST

Mind the iceberg – the iceberg.digital trust metaphor

Second, the sheer size of an iceberg usually remains unknown to the observer. This is due to ice's density being less than liquid water's density. Hence, only one-tenth of the volume of an iceberg is typically above the water level. This resembles the fact that most of the determinants of trust are less known, not understood or simply invisible. Moreover, it is difficult to manipulate those constructs. Trust therefore is often built when no one is looking. For companies this means that there are limited but important options to influence the information asymmetry in digital markets.

Just like the processes of freezing water and forming an iceberg take a lot of time, the process of building trust usually takes time. The primary way of gaining trust is to earn it by developing and nurturing a relationship with customers and future prospects. Companies can and must have control over the quality and intensity of the customer experience if they want to influence the level of trust of the customer. Opportunities to shape the experience exist at any touchpoints in the customer decision lifecycle. This model however focuses on understanding and engendering initial trust.

The iceberg trust model differentiates between two major components that influence formation of initial trust: Trust constructs and cues/signals. Trust constructs refers to elements of the iceberg that are usually under water. They represent the schemata that unconsciously steer our behavior. Constructs represent mechanisms driven by our hot, affective system. Cues or signals refer to strategic areas and design patterns companies apply to engender trust. They are above the surface and allow for reducing information asymmetry.

The iceberg model suggests four clusters of trust cues that sit at the tip of the iceberg: Reciprocity, brand, social adaptor and social protector. Each cluster holds again a set of trust signals or trust design patterns (please refer to the online documentation on iceberg.digital® for details on trust design patterns) that can be considered by marketing professionals in order to engender trust.

- **Reciprocity**: A social construct that describes the act of rewarding kind actions by responding to a positive action with another positive action. A fair level of reciprocity is reached through transparent exchange of information for appropriate compensation.

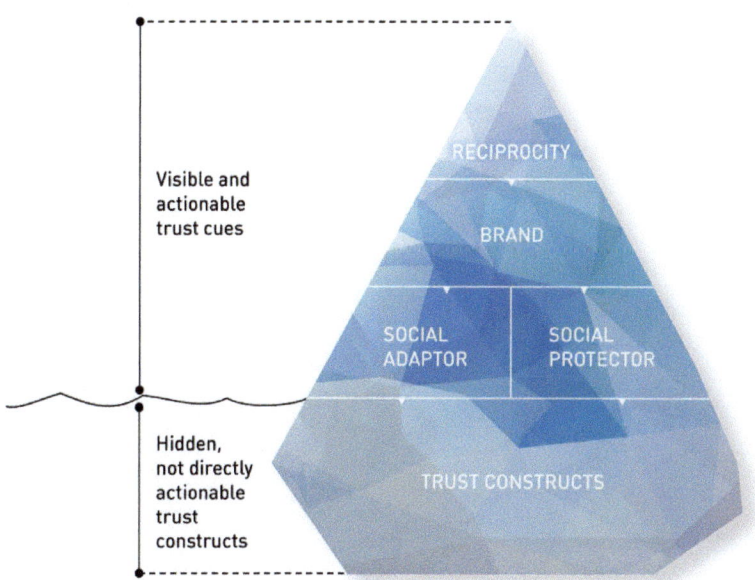

The iceberg trust model: Actionable cues and hidden constructs

- **Brand**: A company makes a certain commitment when investing in its brand, reputation and awareness. Capital invested into a brand can be considered a pledge that is at stake with every customer interaction and every transaction.

- **Social adaptor:** A strategic element that connects the cues with the base of the iceberg as an interface to the construct of institution-based trust. The social adaptor holds innovative strategic elements in the technological space that influence how consumers perceive structural assurance and situation normality. Online users that perceive high situation normality would belief that, in general agents in the environment have the required trust building attitudes; competence, benevolence and integrity.

- **Social protector:** The empowered customer has identified online review systems as a very intuitive, quite robust and therefore useful source of information for decision-making. Trust design patterns within this cluster can support users to avoid interactions that result in a loss. They can help to overcome 'tragedies of the commons' and create social benefits.

Why digital minds do not act rationally

Giving away personal data in a situation of uncertainty and without adequate compensation seams to be an irrational behavior. This contrasts sharply with the traditional economic theory of a rationally acting individual, the Homo Economicus. Neuroeconomists and modern behavioral economists have demonstrated that consumers are, in fact, not rational in their decision-making. The same can be said for the consumer in the digital space and here are the reasons why.

An understanding of the basic structure and mechanisms of the human brain is key to understanding the digital customer's mind. The most fundamental insight in this context is the fact that our thinking relies on two distinct systems. The first system operates automatically and quickly, with little or no effort and no sense of voluntary control. The second operates more slowly and allocates attention to the effortful mental activities that demand it. Popular science names these systems the cool and hot thinking (Mischel, 2014) or simply system 1 and system 2 (Kahneman, 2011).

When prompted to provide personal data online, a customer will always process information though the two systems. It is key to know that the cool and the hot system always have an influence on and compete with each other. If we face a stressful situation, the cognitive system powers down and resources are allocated to the hot system. Digital consumers need to be able to resist temptations and to cool allures down in order to be able to make rational, deliberate decisions. Professor Mischel identifies a set of powerful strategies that allow individuals to increase their level of self-control. Among these is the strategy to reflect on one's own situation through the eyes of another. The cool system can more easily be activated when a hot decision is made for another person. This may explain the success of online recommendations and third party endorsements. Users may make wrong purchase decisions, but their online reviews (e.g. on Tripadvisor) are very specific and helpful for others to prevent the same mistakes. Reviewers are able to conceive meaningful recommendations, even if they have not bought or consumed the service or product themselves. An increased sensitivity of online customers regarding privacy and higher competence in dealing with personal data support the activation and therefore the weight of the cognitive, so the cold, system. The evolution of the digital mind will make it increasingly more difficult to extract an email address from a visitor with promises of a chance to win an iPhone. Already, users have become more willing to deliberate a truly strong password instead of a 4-digit number – which was probably the user's birthday. Building initial trust relies heavily on the evaluation of existing schemata. Such schemata describe a pattern of thought or behavior that organizes categories of information and the relationships among them. Schemata can be seen as memory traces. Part of the journey towards a more sustainable approach to personal data is to benevolently support customers in building new competence in dealing with data and eventually to develop these schemata's.

Another interesting perspective originates from Behavioral Economics. Economists provide a set of theories that contribute to an answer on how people act under uncertainty. This discipline has been dominated for years by the picture of the homo economicus – an individual that acts fully rationally without being influenced by emotions. The homo economicus draws on the cool system as described above to align his decisions fully on the maximization of benefit and minimization of cost. However, friends, feelings and preferences influence even the coolest character in his behavior. Our brain is "hard-wired" to socially interact with other human beings. And all these interactions lead to information and eventually schemata that influence our decisions made by the hot system even before the cool system has a chance to kick in. Empowered by technology, consumers have become networked minds, social decision-makers, more than ever before (Helbing, 2015) and so more vulnerable to 'hot' influencing factors.

The traditional economic concept of the rationally acting individual turns out to be incorrect. Decision-making can best be explained with the theory of bounded rationality (Simon, 1997). According to this, people tend to make decisions with particular biases. Understanding these biases gives insights into the mind of the consumers and eventually reveals strategies for marketing to influence costumer decisions. In particular, the prospect theory helps to explain several behaviours observed in economics (Kahneman/Tversky, 1979). The different perspectives on looming gains and losses may explain why the same person may buy both an insurance policy and a lottery ticket. Please refer to our online documentation on iceberg.digital® for more insights about cognitive biases.

Required capabilities to engender digital trust

The ability to establish a mutual, honest dialog and a long-term partnership with customers will be central to defining the winners of tomorrow. In order to engender trust and to build a true partnership with their customers, companies need to go a step further in the evolution of marketing. MIT Sloan Professor Glen Urban has conceived an interesting approach that is fully oriented to the characteristics and needs of the empowered customer. Urban describes an advanced form of market-orientation that responds to the new drivers of consumer choice, involvement and knowledge. Customer Advocacy aims to build deeper customer relationships by earning new levels of trust and commitment (Lawer et al., 2006). It is all about the development of mutual transparency, dialogue and partnership with customers. Customer Advocacy uses the mindset and tools of the CRM-approach, as well as orientation towards total quality and customer satisfaction as a foundation. Companies following this strategy act as honest and unselfish advocates for the customer. This includes providing the customer with the best offer, even if it comes from a competitor (Urban 2005). In return, the consumer offers trust to the company and is more willing to share information.

There is no standard process for identifying and solving trust issues. However, in order to leverage digital trust as a currency and as a key differentiator for future success, companies can build and practice three major business capabilities. Engendering the belief of competency, benevolence and integrity constitutes a poorly bounded problem. These are problems that are essentially unique. Solutions to these "wicked" problems are not true-or-false, but better or worse. It therefore requires a dynamic approach to problem solving. Furthermore, it requires an effective approach that eventually identifies often hidden problems. Last

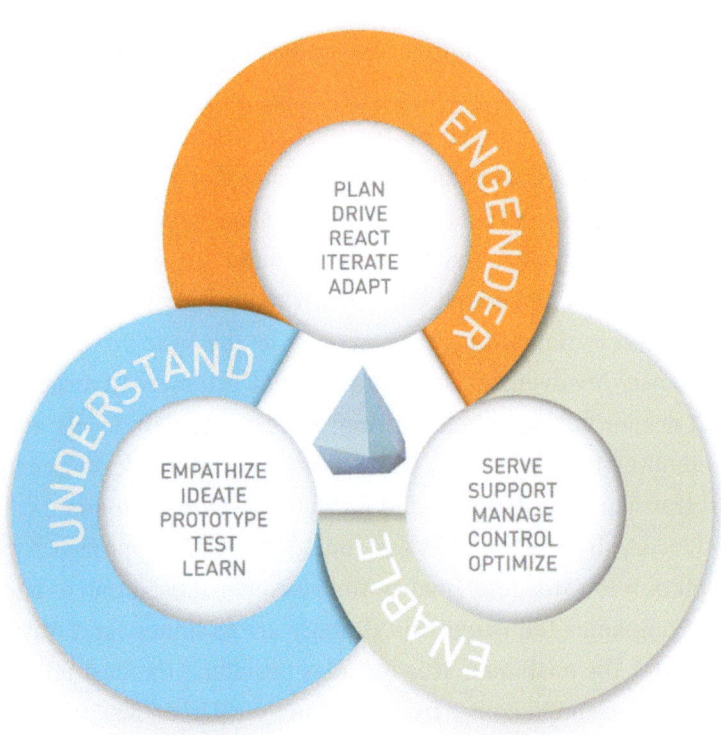

Business capabilities requied to leverage digital trust

but not least, it requires an empathy-based, human centered process that focuses on actual user needs. All of these requirements are met with the Design Thinking methodology by the Stanford Design School.

- Understand: Businesses must be able to find their customers' issues and therefore to correctly understand their situation. Although analytics can support this step, businesses have to rely rather on "thick" than on "big data". Whereas Big Data can give insights into customer behavior on a massive scale, Thick Data aims to reveal underlying motivations, intentions and emotions. Specific techniques such as interviews, contextual research and usability studies can help collect data required for empathizing, ideating, prototyping, testing and learning.

- Enable: Answer the question about the "why?" first. Then conceive plans for the "what?" and the "how?". It is critical to align all trust strategy measures to clearly articulated business objectives. Companies may build a value tree that clearly structures potential value drivers and outlines objectives. These objectives will be used to evaluate projects that result from ideation and prototyping. A set of trust metrics will help to build the business case and to control initiatives. Furthermore, guiding principles and a solid code of conduct need to be established.

- Engender: Trust is earned over time and further shaped on every touch point within the customer life cycle. Companies must actively manage their roadmap of trust initiatives. Feedbacks from implementation need to be considered and may require further actions and adaptations. Engendering trust is an iterative process.

The "balancing act" of competing business interests and privacy requirements will be of increasing importance in the near future. Marketing often takes advantage of the consumer's bounded rationality and their well known cognitive biases. Such a rather opportunistic approach in digital markets is not sustainable. Electronic markets have the potential to substantially reduce information asymmetry and transaction costs. They offer effective opportunities to gain insights into needs and behaviours of customers. Extracting these insight requires respectful and farsighted handling of personal data. The digital revolution with its explosive growth of data and system complexity is about to transform industries again. In order to harness the potential of data, the digital economy and its data driven business models must get on a journey towards trust-based customer relationships. It all starts with a better understanding of digital trust.

Please visit www.iceberg.digital to learn more about digital trust.

About the author:

Daniel Glinz is an experienced management consultant and digital strategist. With broad academic background from leading management and design universities and a strong link to investors and start-ups, Daniel combines groundbreaking conceptual work with the ability to shape and actually transform businesses. Find out more about digital transformation consulting on www.glinz.co.

References:

Accenture, 2014, CMT Digital Consumer Survey.

BCG, 2013, Global Consumer Sentiment Survey. In: The trust advantage, How to Win with Big Data.

Deutsch, M., 1962, Cooperation and Trust: Some Theoretical Notes. In: Marshall, Jones R.: Nebraska Symposium on Motivation, Lincoln, University of Nebraska Press: 275-318.

Helbing, D., 2015, Thinking Ahead, Essays on Big Data, Digital Revolution, and Participatory Market Society, Springer

Kahneman, D., Tversky, A., 1979, Prospect Theory: An Analysis of Decision under Risk. Econometrica 47 (2): 263–292.

Kahneman, D., 2011, Thinking, fast and slow, Penguin.

Lawer, C., Knox, S., 2006, Customer Advocacy and Brand Management. Journal of Product & Brand Management 15 (2): 121-129.

Mayer, R. C., Davis, J. H., Schoorman, D. F., 1995, An integrative model of organisational trust. Academy of Management Review 20 (3): 709-734.

McKnight, D. H., Choudhury, V., Kacmar, C ., 2002, Developing and validating trust measures for e-commerce: An integrative typology. Information systems research 13 (3): 334-359.

Mischel, W., 2014, The Marshmallow Test: Why Self-Control Is the Engine of Success.

Petermann, F., 1985, Psychologie des Vertrauens. Salzburg: Müller.

Simon, H. A., 1997, An empirically-based microeconomics. Cambridge University Press.

Urban, G., 2005, Don't Just Relate – Advocate!: A Blueprint for Profit in the Era of Customer Power. Wharton School Publishing.

Business Model

Innovation

Christian Hirsig

Geschäftsmodell

Das deutsche Wort für Business Model ist Geschäftsmodell. Ob nun in englisch oder deutsch, man findet unzählige Definitionen. Deshalb versuche ich mich mit meiner eigenen Definition: "Ein Geschäftsmodell ist die Vereinfachung der Funktionsweise eines Unternehmens." Mit der Vereinfachung der Funktionsweise, schafft man eine wertvolle Diskussionsbasis. Erstens kann ein Unternehmen in seiner gesamten Komplexität gar nicht diskutiert werden. Zweitens sollen in solchen Gesprächen auch Personen einbezogen werden, die sich nicht mit dem Unternehmen in gleicher Intensität auseinander setzen können.

Innovation

Auch für die Innovation gibt es viele verschiedene Definitionen. Für mich geht es beim Innovieren in erster Linie darum etwas Neues zu schaffen. Im Idealfall ist dieses Neue auch überlebensfähig, sonst wäre es einfach eine Erfindung und keine Innovation. Die Definition von Innovation im engeren Sinne, nämlich die Entwicklung von neuen Produkten, gefällt mir persönlich nicht. Deshalb versuche ich es auch hier mit einer eigenen Definition: "Innovation ist das Schaffen von etwas Neuem, das für ein Unternehmen in irgendeiner Form mehr Einnahmen generiert oder Kosten senkt."

Business Modell Generation

Der Begriff "Business Modell Generation" und die dahinter steckende Idee wurden von Alexander Osterwalder und seinem Doktorvater Yves Pigneur während vieler Jahre entwickelt. 2009 mündete dann die Arbeit in ein gemeinsames Buch mit dem selben Titel. Vermutlich gibt es kein Schweizer Wirtschaftsbuch, das ähnlich erfolgreich war. Mit über 1 Million verkaufter Exemplare in über 30 Sprachen können die beiden sehr stolz auf ihr gemeinsames Baby sein. So ist es auch nicht erstaunlich, dass Alexander Osterwalder aus Sicht von Thinkers50 und vermutlich vielen anderen zu den wichtigsten 50 Vordenkern der Welt zählt. Die Idee fusst auf einem Canvas. Wörtlich übersetzt einer Leinwand. Jedoch treffender wohl eher ein grosses Poster. Dieses Poster hat neun Felder, die eine rasche und einfache Darstellung des eigenen Geschäftsmodells ermöglichen.

Man legt also mit Post-its los. Arbeitet sich von rechts nach links. Und befüllt das Poster mit kleinen gelben Zettelchen. Je weniger Zettel desto besser. Natürlich muss das Modell dabei verständlich bleiben. Ist das Modell mal definiert, lässt es sich wunderbar damit arbeiten. Und hier wäre man nun bei der Innovation. Die Frage nach einer leichten Optimierung bis hin zur radikalen Umstellung lässt sich stehend vor einem Canvas wesentlich einfacher diskutieren, als sitzend in einem gewöhnlichen Meetingroom.

Hier der Canvas hochaufgelöst zum Download:
http://buchundnetz.pressbooks.pub/hwzdigitalyearbook2015/wp-content/uploads/sites/5/2015/11/business_model_canvas_poster.pdf

Kundensegmente

Der Kunde ist das Herzstück jedes Geschäftsmodells. Ich überlege mir jeweils, wen stört es am meisten, wenn es mich oder mein Angebot nicht mehr gibt. Stört es niemanden, dann hat man wohl auch nicht wirklich Kunden. Gehen wir mal davon aus, dass dies nicht der Fall ist. Es gibt also wirklich Kunden, die mein Produkt vermissen. Lassen sich diese Kunden gruppieren? Weisen sie ähnliche Merkmale oder Präferenzen auf? Idealerweise kann ich 80% meines Umsatzes mit zwei

Post-its abdecken, ohne auf das Post-it generische Begriffe wie "Gross-kunden" oder "Privatkunden" zu schreiben. Auch hier gilt, je spezifi-scher desto besser.

Wertangebot

Jetzt springen wir direkt zum Wertangebot. Eigentlich könnte man es auch einfach "Angebot" nennen. Also die Produkte oder Dienstleistun-gen, die ich den Kunden anbiete. Oft spricht man bei diesem Thema auch von "give-mores" und "get-mores". Es kommt also auf die Perspek-tive an. Bei einem "give-more" überlege ich mir, was wir dem Kunden noch verkaufen könnten. Bei einem "get-more" versuche ich mich in den Kunden hineinzudenken und nur jene Dinge zu nennen, die ihm auch wirklich einen Mehrwert bieten. Beim Wertangebot lohnt es sich ausserdem einen Vergleich mit der Konkurrenz vorzunehmen. Was bie-ten wir dem Kunden, was ihm sonst niemand bieten kann?

Kanäle

Hier spielen vorallem die Themen Marketing und Verkauf eine wichtige Rolle. Wie erfährt der Kunde von uns? Wie kommt er an unser Produkt oder unsere Dienstleistung? Und wie bleiben wir mit ihm in Kontakt nachdem er bei uns gekauft hat? Oft hört man hier auch den Ausdruck "Customer Journey". Es macht aber keinen Sinn jeden Schritt zu notie-ren. Auch hier hilft wieder das Gedankenspiel, wo unterscheiden wir uns von unseren Mitbewerbern?

Kundenbeziehung

Bei der Kundenbeziehung geht es in erster Linie, um die Qualität der Beziehung. Mir leuchtet hier der Vergleich mit der Gastronomie am meisten ein. Lass ich mir etwas aus dem Selecta-Automaten raus? Geh ich ins Selbstbedienungsrestaurant? Esse ich in einer Pizzeria, wo ein Service-Mitarbeiter mich und viele weitere Gäste alleine bedient? Oder schaue ich in einem Fünf-Sterne-Schuppen vorbei, wo sich ein ganzes Team exklusiv um mein Wohl kümmert? Im Endeffekt bezahlt der Kunde für diese Beziehung indirekt. Es macht also keinen Sinn einen Kunden zu pämpern, wenn er dies gar nicht wünscht und nicht bereit ist dafür indirekt zu bezahlen.

Schlüsselaktivitäten

Bei den Aktivitäten kann man gut mit Verben arbeiten. Was müssen wir tun, damit wir dieses Angebot hinbekommen. Auch hier geht es nicht darum jede einzelne Aktivität im Detail zu beschreiben, sondern wieder den Vergleich zur Konkurrenz zu ziehen. Machen wir irgendetwas anders oder besser als unsere Mitbewerber?

Schlüsselressourcen

Bei den Ressourcen sind es eher Personen oder Dinge, also Substantive, die man auflisten sollte. Hier hilft oft die hypothetische Frage: "Stell dir vor du liest in der Zeitung, dass deine Firma von einer anderen Firma gekauft wurde. Was war der Grund?" Waren es Patente? War es spezifisches Know-How? War es der Marktzugang?

Schlüsselpartner

Fasst man die Aktivitäten und Ressourcen zusammen, dann hat man eine gute Übersicht, welche Tätigkeiten das Unternehmen selbst macht. In der Betriebswirtschaft wird das oft "Make" genannt. Es gibt aber auch ein "Buy". Man kauft sich also gewisse Halbfabrikate oder Leistungen dazu. Hier lohnt es sich die wichtigsten Partner aufzulisten und sich dabei auch bei jedem zu fragen, wie einfach kann er uns und wie einfach können wir ihn auswechseln. Je schwieriger das beidseitige Auswechseln ist, desto strategischer und wichtiger ist der Partner.

Kostenstruktur

Bei der Kostenstruktur kann man sich Aktivitäten, Ressourcen und Partner kurz anschauen und sich fragen: "Was kostet dieser Spass uns eigentlich?" Stellt man die wichtigsten Kostenblöcke zusammen, sollte das in etwa der Aufwandseite der Erfolgsrechnung entsprechen. Auch hier wieder wichtig, nicht jedes einzelne Buchhaltungskonto aufzulisten, sondern die drei bis vier wichtigsten mit denen man ungefähr 80% der Kosten verursacht. Bei Schweizer Unternehmen sind oft die Löhne der grösste Kostenblock.

Einnahmequellen

Die Einnahmen sind das Gegenstück zu den Kosten. Was zahlen uns die Kunden, damit wir ihnen unser Angebot zur Verfügung stellen. Hier geht es im ersten Schritt nicht um die Höhe der Beträge, sondern deren Natur. Ist es also eine einmalige Zahlung oder ein Abo? Die Einnahmen finden sich in der Erfolgsrechnung beim Ertrag wieder.

Der Österreicher Dominik Hager hat ein zehn minütiges Video zum einfachen Erlernen des Modells produziert:

Tipps und Tricks

Zusammengefasst hier noch ein paar nützliche Hinweise zum Arbeiten mit dem Canvas;

- Arbeiten Sie von rechts nach links.
- Schreiben Sie nur 1 Wort auf ein Post-it.
- Schreiben Sie gross und leserlich. Hier helfen grosse schwarze Marker.
- Hängen Sie so wenig Post-its wie möglich auf (80% reicht völlig).
- Arbeiten Sie mit Time-Boxing (max. 3 Min. pro Feld – Smartphone).
- Verwenden mehrere Farben (z.B. wenn sie eine Option erarbeiten).
- Fotografieren Sie Ihre Arbeiten regelmässig (Smartphone).

Links

Interessante Publikation zum Thema vom Lehrstuhl von Prof. Dr. Oliver Gassmann von der Universtität St. Gallen gemeinsam mit der Gesellschaft für Marketing:
http://www.gfm.ch/files/marketing_wissen/forschung/2014/gfmforschungsbroschuere2-14.pdf

Falls Sie das Buch noch nicht haben, hier können Sie zur Probe kostenlos das erste Kapitel (in Englisch) runterladen:
http://www.businessmodelgeneration.com/downloads/businessmodelgeneration_preview.pdf

Der Autor schult Teams und berät Unternehmen rund um das Thema Business Modell Innovation. Weitere Informationen finden sich unter: www.christianhirsig.com

Die Digitalisierung der internen Kommunikation

EINE CHANCE FÜR DAS ENGAGEMENT DER MITARBEITER.

Sunnie J. Groeneveld & Andreas Slotosch

Das engagierte Mitarbeiter mindestens genauso wichtig sind wie begeisterte Kunden, ist spätestens seit der regelmässig erscheinenden Gallup Studie "State of the Global Workplace" zum Thema Mitarbeiter Engagement bekannt. Trotzdem waren nach aktuellen Zahlen in den USA im September 2015 nur 32 % der Mitarbeiter engagiert[1]. Für Führungskräfte im Bereich HR zählte die Steigerung des Mitarbeiterengagements wohl auch deshalb zu den Top Prioritäten für das laufende Jahr[2]. Einer der Treiber für ein erfolgreiches Engagement der Mitarbeiter ist eine transparente und funktionierende interne Kommunikation. Im Folgenden wird darauf eingegangen, welche Chancen die Digitalisierung der internen Kommunikation bietet und was zu beachten ist.

Während sich die nach aussen gerichtete Unternehmenskommunikation und das Marketing in den letzten Jahren rasant weiterentwickelt haben, wird die interne Kommunikation häufig noch unterschätzt und wichtiges Potential wird verspielt. In der externen Kommunikation gehört es längst zum Standard, dass man über soziale Medien kommuniziert und die Ansprache bis auf die Ebene einzelner Kunden personalisiert. Jegliche Interaktionen wird gemessen, um den Inhalt und den Mix der Kanäle weiter zu optimieren. Im Gegensatz dazu besteht die interne Kommunikation oft aus halbherzigen Verlautbarungen und oberflächlichen Halbinformationen, die oft nicht alle Mitarbeiter erreichen und die wenig bis gar nicht personalisiert sind.

Mit der Einführung von Enterprise Social Networks (ESN) in den vergangen Jahren wurde versucht, ein erfolgreiches Modell aus der externen Kommunikation auf die interne Kommunikation zu übertragen. Noch im letzten Jahr wurden die sozialen Funktionen jedoch nur von ca. 5 % der Mitarbeiter genutzt[3]. Oft scheiterten diese Projekte an einer fehlenden oder falschen Strategie. Die Einführungen wurde stark von technischen Abteilungen getrieben und die Erkenntnisse aus der externen Kommunikation wurden ignoriert oder nicht richtig umgesetzt. So wurden keine klaren Ziele, Business und Use Cases definiert und Plattformen wurden nach einer kurzen Anfangseuphorie oft nicht mehr genutzt. Gerade für Mitarbeiter die nicht so alltäglich mit den sozialen Medien umgehen, bedeutete der Einsatz solcher Tools häufig Stress durch Unsicherheiten. Zudem wurden Anforderungen an das Change Management und kulturelle Aspekte unterschätzt und nicht beachtet.

Im aktuellen Jahr lässt sich ein Trend zu einer beschleunigten Digitalisierung der internen Kommunikation beobachten. Soziale Kanäle etablieren sich zunehmend in der internen Kommunikation. Unternehmen haben aus genannten Fehlern gelernt und beschäftigen häufig Spezialisten für die Einführung von sozialen Tools. Im Folgenden zeigt sich am Beispiel der Hotelindustrie, wie besonders in eher traditionellen und weniger digitalisieren Branchen soziale Tools eine grosse Chance haben:

Auch wenn in der Hotelindustrie, ein Grossteil der Mitarbeiter einen direkten Kundenkontakt hat und so das Engagement der Mitarbeiter traditionell einen hohen Stellenwert einnimmt, ist die interne Kommunikation oft noch wenig effizient. Die globale Hotelkette FRHI (Fairmont, Raffles and Swissôtel) hatte z.B. bis vor 2 Jahren noch keinen digitalen Kanal, um einen Grossteil ihrer Mitarbeiter direkt zu erreichen. Die interne Kommunikation fand weitestgehend über offline Kanäle wie einem schwarzen Brett, direkt über die Führungskräfte, Printmedien oder Mitarbeiterveranstaltungen statt. Erschwerend kommt in dieser Branchen hinzu, dass viele Mitarbeiter oft nicht über eine Firmen-E-Mail-Adresse verfügen und die meisten Zeit überhaupt nicht an einem PC arbeiten.

Schaut man sich die Realität in vielen Hotelbetrieben jedoch genauer an, so stellt man fest, dass Mitarbeiter anfangen, sich selber über soziale Kanäle wie Facebook Gruppen oder WhatsApp mit anderen Mitarbeitern zu vernetzen um arbeitsrelevante Informationen zu teilen. Fast jeder Mitarbeiter verfügt heute über ein Smartphone und weiss die genannten Tools zu nutzen. Auch wenn die Initiative der Mitarbeiter sicher zu schätzen ist, so sind diese Plattformen doch ausserhalb der Kontrolle der Unternehmen, der Employee Life Cycle lässt sich nicht wirklich managen und Informationen werden auf externen Servern gespeichert. Auch werden so private und geschäftliche Informationen unscharf getrennt. Häufig lässt sich zudem beobachten, dass Führungskräfte nicht Teil dieser Kommunikation sind.

FRHI begegnete dem zunehmenden Druck von unten mit der Lancierung der unternehmenseigenen Plattform FRHI Talk. Erstmals wurde eine Plattform geschaffen auf die jeder der knapp 50.000 Mitarbeiter Zugang hatte und über die sie für das Unternehmen direkt erreichbar wurde. Von Anfang an wurde das Projekt durch kommunikative Massnahmen begleitet, um eine hohe Akzeptanz sicherzustellen. Traditionelle Kanäle wie Printmedien und Mitarbeiterveranstaltungen wurde gezielt eingesetzt, um die Mitarbeiter mit der Plattform vertraut zu machen. So wurde die Plattform nicht einfach als neuer Kanal, sondern als Bindeglied zwischen den bestehenden Kanälen positioniert. Weiterer Erfolgsfaktor war der direkte Support durch das Management und das frühe Involvement von Anfang an.

Im Gegensatz zu bestehenden Kanälen können die Mitarbeiter nun gezielt, personalisiert und zeitgleich informiert werden. Dies erfolgt zum einen durch sogenannte Aktivity Streams, zum anderen über ein privates Messaging und einem Kampagnen Tool, welche – ähnlich einem Newsletter – personalisierte Nachrichten in die Messaging Inbox der Mitarbeiter verschicken. Ausserdem wird der Austausch über Hirarchiestufen und Standorte gefördert. Die multimedialen Möglichkeiten einer solchen Plattform erlauben es sehr gut Emotionen transportieren und so die Identifikation zu steigern. Ein weiterer Vorteil ist die Messbarkeit dieser Art der Kommunikation. Hierbei geht es primär darum, frühzeitig Kommunikationssilos zu identifizieren und entsprechend gegen zu steuern. Im Ergebnis wurden FRHI 2015 in New York mit dem Employee Engagement Award im Bereich der internen Kommunikation ausgezeichnet[4].

Neben der besseren Erreichbarkeit über die neuen digitalen Kanäle, führt die gesteigerte Transparenz im Unternehmen auch zu einer offeneren Dialogkultur. Die Informationshoheit verschiebt sich zum Mitarbeiter. Die Aufgabe der Verantwortlichern wandelt sich mehr hin zu einer moderierenden und kurierenden Funktion von Informationen. Auch wenn dies eine Herausforderung für viele Unternehmen darstellt, gilt doch meistens, dass besser informierte Mitarbeiter auch engagiertere Mitarbeiter sind. Wenn sich das Management dieser Herausforderung bewusst ist, kann es diese zudem bewusst begleiten.

Trotz allem ist es wichtig zu beachten, dass ein digitales Tool die interne Kommunikation nur unterstützen kann und als Verstärker und Beschleuniger dient. Verfügt ein Unternehmen nicht über die richtige Kultur, sind solche Projekte in der Regel zum Scheitern verurteilt. Die Auswahl der richtigen Tools bedarf zudem einer angepassten, nach Unternehmensstruktur und Zielsetzung bestimmen Individualisierung. Auch erfordert es – ganz ähnlich wie im Marketing – in der Regel einer cross-medialen Strategie. Ein erfolgreiches Projekt sollte von daher immer IT, Unternehmenskommunikation, HR, Betriebsrat und Datenschutz von Beginn mit einbinden.

Berücksichtigt man diese Rahmenbedingungen, bietet die Digitalisierung der internen Kommunikation eine grosse Chance für die Unternehmen. Zum einen kann das Engagement der Mitarbeiter durch eine transparente und offenere Kommunikation gestärkt werden und Mitarbeiter zu Botschaftern der eigenen Firma machen, zum anderen können auch die internen Prozesse effektiver und effizienter gestalten werden.

Zu den Autoren

Sunnie J. Groeneveld

Sunnie J. Groeneveld ist Gründerin und CEO von Inspire 925 GmbH, eine Beratungsfirma, die sich auf Mitarbeiter-Engagement spezialisiert hat. Die Wirtschaftsabsolventin der Yale Universität (USA) hat 2014 das Buch "Inspired at Work – 66 Ideen für mehr Engagement und Innovation im Umternehmen" verfasst und bloggt regelmässig für die Fachzeitschrift HR Today sowie für The Huffington Post. 2013 hat Inspire 925 Beekeeper bei der Konzeptionalisierung und dem schweizweiten Rollout der Pilotphase des FRHI-Projektes im Bereich interne Kommunikation und Mitarbeiter-Engagement unterstützt.

https://www.linkedin.com/in/sunniegroeneveld
https://twitter.com/sunniejaye
http://www.inspire925.com/
http://www.betterboss.ch

Andreas Slotosch

Andreas Slotosch ist Partner des ETH Spin-offs Beekeeper mit Sitz in Zürich und San Francisco. Der Absolvent der Universität St. Gallen ist bei Beekeeper für den Bereich Marketing und Produkt verantwortlich. Aussserdem ist der Mitautor des 2015 erschienen Sammelwerk zum Thema "Arbeitskultur 2020". Mit Beekeeper unterstützt er Unternehmen weltweit ihre mobilen Mitarbeiter in über 90 Ländern mit einer sozialen Kommunikationsplattform besser erreichbar zu machen und zu vernetzen und so das Engagement ihrer Mitarbeiter zu steigern. 2015 wurde Beekeeper für ein Projekt mit der Hotelgruppe FRHI (Fairmont, Raffles and Swissôtel) mit dem Employee Engagement Award in der Kategorie interne Kommunikation ausgezeichnet.

https://www.linkedin.com/in/slotosch
https://twitter.com/slotosch
http://beekeeper.ch/

1) Employee Engagement, http://www.gallup.com/topic/
employee_engagement.aspx
2) Employee Engagement: Top Priority for Executives in 2015,
https://hropartners.wordpress.com/2015/02/24/employee-engagement-
top-priority-for-executives-in-2015/
3) 5 Thesen zu Social Media in der Internen Kommunikation,
http://social-intranet.net/thesen-social-media-und-interne-
kommunikation/
4) FRHI Hotels & Resorts Wins Employee Engagement Award After
Implementing Beekeeper to Connect Staff, http://beekeeper.ch/frhi-
hotels-resorts-wins-employee-engagement-award-after-implementing-
beekeeper-to-connect-staff/

Digitale Markenführung im Zeitalter der Erlebnisökonomie

EIN LEITFADEN ZUR NEUGESTALTUNG DER PROZESSE UND ORGANISATION IN MARKETING UND KOMMUNIKATION

Patrick Hofer

Digitale Markenführung: Neuartiger Ansatz zur Gestaltung der Organisationsstruktur im Multi-Channel-Management. In der vernetzten Wissensgesellschaft mit einem exponentiellen Wachstum konvergierender Medientechnologien und schnell entwickelnden Ökosystemen, werden neue Steuerungskonzepte und Organisationsstrukturen nötig, eine digitale Marke zu führen. Die Arbeitergeber-Attraktivität und die Kollaborationskultur der Mitarbeitenden werden zum Schlüssel zur Sicherung komparativer Wettbewerbsvorteile.

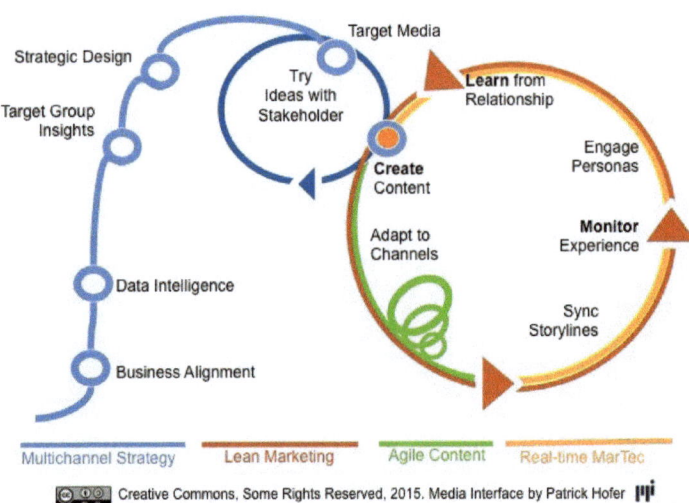

In diesem Beitrag skizzieren wir ein strategisches Denk- und Handlungssystem für die digitale Markenführung und eine kulturelle Reise, wie sich die Unternehmenskommunikation und das Marketing im Begriff sind neu zu erfinden.

In der Sharing-Economy mit kollaborativen Geschäftsmodellen, wo Märkte soziale Gespräche, Anspruchsgruppen digital und Produkte virtuell sind:
Digitale Markenführung *= Mitarbeitende = Dienstleistung = Kommunikation = Beziehung =* **Erlebnis**

In der momentan stattfindenden digitalen Transformation verändern sich die Rollen und Selbstbilder im Marketing und der Kommunikation: Werber werden zu *Content Marketeers*, die PR-Leute transformieren sich zu *Branded Journalists*, Marketeers nennen sich neuerdings *Growth Hackers*, der Kundendienst wechselt zum *Community Moderator*, Journalisten mutieren zu *Transmedia Storytellers* und die interne Kommunikation kümmert sich neu ums *Employee Engagement*.

User Experience als Schmelzpunkt

Mit den digitalen, mobilen und social Kanälen beginnen sich die Verantwortlichkeiten im Organigramm zu vermischen und die zuvor in getrennten Abteilungen geführten Fachbereiche integrieren sich in die immer schneller drehenden Service-Innovation und Produkt-Management LifeCycles.

Daneben verändert sich das Ökosystem selbst und eröffnet neue Perspektiven zur Vermarktung von Unternehmensinhalten, technischen Möglichkeiten zur Kundenbeziehungspflege und digitale Markenführung. Mit dem Ergebnis, dass die Wertschöpfungskette aufbricht und sich die Unternehmensgrenzen beginnen zur Co-Kreation mit Kunden- und Partnernetzwerken öffnen.

Zugang zu Superkräften

Mit direktem Zugang zu: Super-Computern zur Analyse von Daten, intelligenten Technologien zur Gewinnung von Insights über Kunden, Mediennutzungs-Daten in Realtime zur Media-Planung, Communities fürs Kampagnen-Brainstorming, Freelance-Netzwerke zur Produktion digitaler Inhalte und Smartwatches für intimste Herzschlag-genaue Kundenbeziehungen. Wobei dies alles auf Knopfdruck, günstiger und schneller denn je zur Verfügung steht.

Auf der internen Gestaltungsebene – der Personalentwicklung – zeigen neue Forschungsresultate auf, dass sich die Menschheit an einer Schwelle zu einem neuem Bewusstsein befindet, wodurch eine Änderung bei den Management Methoden vorausgesagt wird.

Mitarbeitende = neuer USP

Der Fokus in der Geschäftsinnovation verschiebt weg vom „Was" zum „Wie", wo Ideen und Talent zum einzig echten komparativen Wettbewerbsvorteil in einer kollaborativen Ökonomie werden, wo der Zugang zu Wissen und Technologie nur einen Klick weit entfernt sind.

Der Schlüssel zur digitalen Markenführung ist die Gestaltung einer Organisationsstruktur mit der kleinstmöglichen Form von Bürokratie.

Mit den folgenden sieben Schritten gestalten Sie Ihre Prozesse, Organisation und Kultur hin zum Marketing und der Unternehmenskommunikation der Zukunft:

- **Fähigkeit zur Kollaboration**
  Kreation von Workspaces für Abteilungs-übergreifende und interdisziplinäre Planungssessions mit internen und externen Partnern durch die Anwendung der Design Thinking Methodik und Social Collaboration Technologien.

- **Schlank zur Kampagne**
  Anwendung der Prinzipien aus dem Lean Startup Movement,

wo Kampagnenideen und Mediapläne früh über Webmarktforschung mit Anspruchs- und Zielgruppen validiert werden zur Vermeidung von Streuverlusten.

- **Kreative Steuerung**
  Mit Inhaltlichen Leitlinien die Konsistenz der Botschaften sicherstellen und über Design-Leitplanken das Kanal-übergreifende Erlebnis harmonisieren. Zentral dabei ist die Einführung von transparenten und flüssigen Freigabeprozessen.

- **Agile Content Produktion**
  Die Kampagne in kleinere Einzelteile zerlegen und auf Rückmeldungen von Kunden optimieren. Seien Sie bereit mit Ihren Inhaltspaketen, schnell auf aktuelle Medienthemen aufzuspringen.

- **Flexible Marketingtechnologien**
  Bereitstellung einer IKT-Infrastruktur, wo einfach zwischen verschiedenen Technologien gewechselt werden kann. Über die Steuerung durch API-Frameworks und sicherer Daten-Integration zur Marketingautomation und Echtzeit-Kommunikation.

- **Die Organisation Tweaken**
  Diejenige Veränderungsstrategie wählen, die am besten zur DNA der Organisation passt. Durch kleine

Veränderungsschritte die Organisationsstruktur verbessern und unnötige Bürokratie aus dem Unternehmen verbannen.

- **Motivation zum Ausprobieren und Lernen**
  Fehlschläge sind Teil des Spiels. Es gilt eine tolerante Kultur zu leben, wo ausprobieren, schnell zu scheitern und lernen ausdrücklich erwünscht werden. Inspirieren Sie die Mitarbeitenden, wohin sie gehen sollen und Vertrauen Sie Ihrem Team am besten zu wissen, was es zu tun gilt.

Um Sie bei der Transformation ihrer Unternehmens- und Marketingkommunikation zur ganzheitlichen digitalen Markenführung zu unterstützen, hat Media Interface in Zusammenarbeit mit dem HWZ Center for Digital Business, das „Co-Creativity Framework" entwickelt:

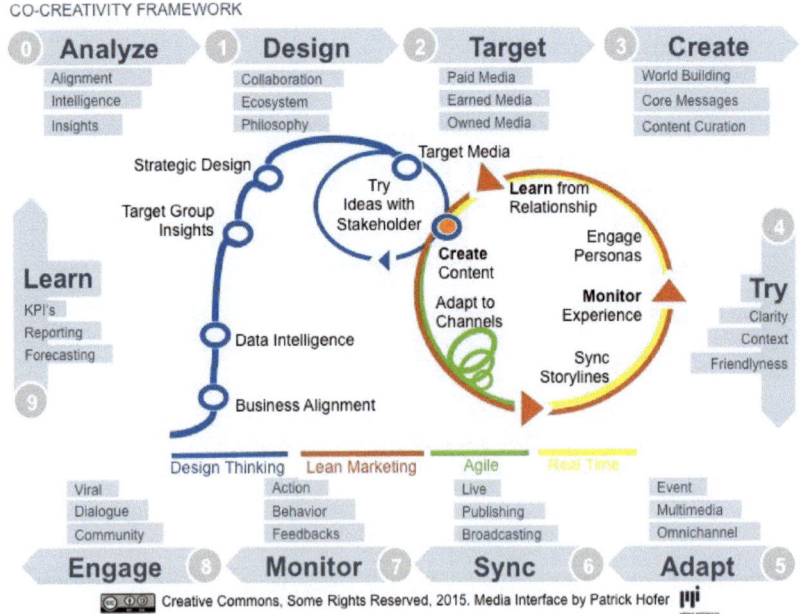

Creative Commons, Some Rights Reserved, 2015. Media Interface by Patrick Hofer

Jetzt die Powerpoint-Vorlage downloaden und die strategischen Kommunikations- und Zusammenarbeitsprozesse im Multichannel-Management selbst gestalten.

Patrick Hofer ist Transformation Consultant bei Media Interface, der ersten Schweizer Beratung für digitale Organisationsentwicklung.

Spaltet das Netz die

Gesellschaft?

Christian Hoffmann

Das Internet bietet zahllose Vorzüge und Bequemlichkeiten. Wir haben uns an sie gewöhnt, ja können uns ein Leben ohne sie kaum noch vorstellen. Doch möglicherweise ist das Internet zugleich eine Ursache für gesellschaftliche Spaltung. Ein Kommentar.

Seit den 90er Jahren geht in Wissenschaft und Politik die Angst um vor einer «digitalen Spaltung». Demnach gibt es Menschen, die an den Vorzügen des Internets teilhaben, und solche, die aussen vor bleiben, weil sie keinen Zugang zu den neuen Medien finden. Das Internet schafft wertvolle Ressourcen, wie Wissen, Austausch, Zeit- und Geldersparnis. Diese bleiben aber jenen verwehrt, die das Internet nicht nutzen können.Mit den Jahren entschärfte sich die digitale Spaltung angesichts rasant steigender Nutzerzahlen. Was bleibt von einer «Spaltung», wenn 80 bis 90 Prozent der Bürger das Internet bevölkern? Doch prompt tat sich eine neue Sorge auf: Was, wenn es eine digitale Spaltung zweiter Ordnung gibt? Oder anders formuliert: Was, wenn wir zwar alle «drin» sind, aber manche das Internet so nutzen, dass sie besonders viele Vorteile daraus ziehen, während andere ihre Zeit vergeuden oder sich sogar Chancen verbauen? Bezeichnet wird dies als die «Beteiligungsspaltung» (participation divide).

Beteiligung im Internet

Die neue digitale Spaltung wirft viele Fragen auf: Was bedeutet «Beteiligung im Internet» genau? Was machen also Menschen, die im Netz beteiligt sind? Warum beteiligen sich manche Menschen nicht, obwohl sie über einen Netzzugang verfügen? Gemeinsam mit dem Deutschen Institut für Vertrauen und Sicherheit im Internet ist die Universität St.Gallen diesen Fragen nachgegangen, und hat deutsche Bürger in Fokusgruppen nach ihrem Nutzungsverhalten befragt.

Ein Ergebnis der Studie: Beteiligung im Internet ist allgegenwärtig. Gesundheitsforen, Lern- und Studienhilfen, kollaborative Kunstprojekte, Crowdfunding, der Vertrieb von Produkten und Dienstleistungen, Petitionen – Formen der Beteiligung finden sich in allen Sphären der Gesellschaft, von der Wirtschaft, über Bildung, Gesundheit und Kultur bis hin zur Politik. In allen Bereichen erstellen und teilen Nutzer Inhalte, um andere zu erreichen, zu bewegen

Das Netz als Abbild der Gesellschaft

Eine heile Beteiligungswelt also? Keineswegs, die Nutzer unterscheiden etwa zwischen freiwilliger und unfreiwilliger, positiver oder negativer Beteiligung: Nicht immer sind Nutzer freiwillig bei Aktionen im Netz dabei – vielleicht wurden sie durch andere hineingezogen, vielleicht wurden ihre Daten ohne ihr Wissen oder ihre Zustimmung verwendet.

Beteiligung löst daher auch Sorgen aus. Und: Manche Menschen engagieren sich im Netz für Anliegen, die andere als schädlich empfinden, wie etwa radikale Ideologien.

Warum also sind manche Nutzer im Netz beteiligt und andere nicht? Diese Frage erweist sich als komplex, weil unterschiedliche Nutzer auch Unterschiedliches unter «Beteiligung» verstehen: Bequeme und spassorientierte Nutzer fühlen sich schon «beteiligt», wenn sie mit dem Internet verbunden sind, denn dann sind sie irgendwie «dabei». Souveräne, vielseitige Nutzer haben dagegen ein klares Verständnis von Beteiligung im Internet, sie leben in und mit dem Netz und ziehen zahlreiche Vorteile aus einer partizipativen Nutzung. Viele Nutzer mittleren Alters weisen ein sehr funktionales Verhältnis zum Netz auf, sie schätzen die Vorteile der neuen Medien und nehmen diese selektiv in Anspruch, kontrollieren und begrenzen ihre Nutzung aber strikt.

«Beteiligungsspaltung» durch Alter, Bildung und Werte

Und dann sind da schliesslich noch die ängstlichen Nutzer, meist höheren Alters. Sie verstehen das Internet kaum, fühlen sich ihm ausgeliefert und vermeiden darum eine aktive Nutzung. Viele von ihnen haben keine Vorstellung, was eine «Beteiligung im Internet» überhaupt sein könnte. Dennoch ist die «Beteiligungsspaltung» im Netz keine reine Altersfrage. Die Untersuchung zeigt, dass Sorgen und Unsicherheit in allen Altersklassen anzutreffen sind. Mindestens so wichtig wie Kenntnisse und Selbstvertrauen ist auch die Motivation zu einer Beteiligung.

Hier zeigt sich das Netz durchaus als Abbild der bekannten, physischen Welt. Kein Grund aber, die Hände in den Schoss zu legen, denn der Wille, das Vertrauen und die Fähigkeit zu einer Beteiligung im Internet kann soziale Unterschiede verstärken, die ohnehin mit Alter, Bildung, Einkommen und Werthaltungen verbunden sind. Die digitale Spaltung zweiter Ordnung ist also durchaus real. Leider ist sie auch weniger einfach zu überbrücken, als nur mit einem Internetzugang.

Weitere Informationen zur Studie unter www.divsi.de.

Über den Autor:

Prof. Dr. Christian P. Hoffmann ist Professor für Kommunikationsmanagement am Institut für Kommunikations- und Medienwissenschaft der Universität Leipzig.

Kaninchen in der

Waschküche

ODER WARUM SIE SICH MIT INNOVATION BESCHÄFTIGEN SOLLTEN!

Martin Kägi

Du bist der Innovationsbeschleuniger in Deiner Firma? Du wirst als Innovationsbeschleuniger in Deiner Firma manchmal miss-verstanden, weil Du mit Deinen Gedanken und Ideen einfach zwei Schritte voraus bist? Kollegen und Vorgesetzte für Innovationen zu begeistern gehört zu Deinem Alltag? Dann findest Du hier bestimmt das eine oder andere Argument für Deine Begeisterungsarbeit – oder Du gibst den Artikel einfach jemandem weiter.

Innovation in der Waschküche

Die neueste Waschmaschinen-Generation von Miele, einem deutschen Hersteller für Haushaltgeräte, wird mit integriertem Waschmittel ausgeliefert. Die Maschine erkennt den Verschmutzungsgrad und das Gewicht und dosiert dann automatisch die korrekte Menge an Waschmittel. Falls gewünscht kann das Waschmittel sogar ganz bequem bei Miele bestellt und nach Hause geliefert werden. Für den Konsument hört sich das fantastisch an – keine Suche mehr nach Produkten in Aktion – kein schweres Tragen mehr von Waschmittel beim Einkauf – keine schmierigen Flaschen mehr in der Waschküche – kein Ärger wegen schlecht gestalteten Verschlüssen und Dosierbechern. Hier scheinen echte Probleme der Konsumenten auf einen Schlag gelöst zu sein.

Doch versetzen wir uns mal kurz in die Lage eines klassischen *Waschmittel*-Herstellers (z.B. Ariel o.ä.). Was sind da wohl die aktuellen Herausforderungen mit denen sich die Firmenleitung auseinandersetzt? Wo werden dort die Schwerpunkte für die kommenden Monate und Jahre gesetzt? Vielleicht:

- Neue Werbekampagne für TV, Print und Web
- Neues Verpackungsdesign für bessere Produkt-Wahrnehmung am Verkaufspunkt
- Optimierungen in der Produktion, um schlanker produzieren zu können

Was fällt dabei auf? Wenn sich das Konzept der Waschmaschinen mit dem integrierten Waschmittel am Markt langfristig durchsetzen sollte, dann werden einige der Anstrengungen des Waschmittelherstellers völ-

Waschmaschinen und die Herausforderungen für die Hersteller von Waschmittel.

lig irrelevant. Als Miele-Kunde werde ich mir die anderen Waschmittel im Supermarkt gar nicht mehr ansehen, denn das Mittel kommt ja bequem per Post nach Hause.

"Uns kann das nicht passieren"

An einem Industrie-Anlass lernte ich vor kurzem den CEO eines grossen Schweizer Wasch- und Reinigungsmittelherstellers kennen. Nach der Firmenbesichtigung wurde zu einem Apéro eingeladen. Im Gespräch mit dem CEO habe ich ihn zu dem beschriebenen Miele-Beispiel befragt und wollte seine Meinung dazu erfahren. Die Antwort war kurz und knapp: er glaubt nicht an dieses neue Geschäftsmodell. Nach seiner Meinung, werden die Kunden weiterhin ihr gewohntes Waschmittel kaufen, denn an den vertrauten Geruch ihrer Wäsche sind sie sich schon seit der Kindheit gewohnt. So weit so gut.

Ich hake nicht weiter nach, spreche noch mit anderen Leuten. Im Auto auf dem Heimweg kommt mir der Gedanke, was wohl die Führungs-crew von Chicco d'Oro oder Jacobs zu Nespresso in den Anfangsjahren gedacht haben mag: „Das Jacobs Verwöhnaroma ist unser Alleinstel-lungsmerkmal. Das werden die Leute nicht so schnell aufgeben." Und doch sieht die Welt des Kaffees heute mit Nespresso anders aus als noch davor.

Eine abwartende oder gar defensive Haltung zu Neuerungen in vie-len Branchen anzutreffen. Es herrscht zwar eine ein grosses Interesse zu den Veränderungen, welche zum Beispiel die Digitalisierung mit sich bringt. Doch nur wenigen Führungskräften gelingt es einen konkreten Bezug zur eigenen Firma oder Branche herzustellen.

Ein bewährtes Beruhigungsmittel sind regelmässige Kundenumfragen: „Unsere Kunden sind sehr zufrieden mit unseren Produkten". Weitere Aussagen von Führungskräften sind: „Wir sind in einer konservativen Branche, unsere Kunden wollen gar keine neuen Lösungen. Ausserdem erbringen die neuen Lösungen noch gar nicht die von unseren Kunden geforderten Leistungen. Es braucht noch eine lange Zeit bis wir diese Technologie für unsere anspruchsvollen Kunden nutzen werden kön-nen."

Fragen Sie nie Ihre Kunden!

Gerade dieser Fokus auf die bestehenden Kunden und ihre Bedürfnisse ist die Hauptursache, dass disruptive Veränderungen gar nicht oder erst zu spät wahrgenommen werden. An der klassischen Darstellung von C.M. Christensen (siehe Grafik) ist dies klar zu erkennen.

Die Leistung der Produkte wird von den Firmen im Laufe der Jahre stetig verbessert (durchgezogene Linie). Mit kleinen Produkteanpassungen und aufgrund von Kundenfeedback werden mehr und mehr Verbesserungen gemacht. Oft ist das Angebot am Ende sogar besser als die geforderte Leistung im oberen Marktsegment (gestrichelte Linie). Diese Optimierung der bestehenden Produkte ist neben der Optimierung der operativen Fähigkeiten (order-make-delivery) der Hauptfokus der meisten Firmen. Aber wie steht es nun um die neuen Technologien und Lösungen?

Neue Technologien und Lösungen zeichnen sich gerade dadurch aus, dass sie zum gegebenen Zeitpunkt (noch) nicht an die Leistungsfähigkeiten der bestehenden Lösungen herankommen. Deshalb sind die bestehenden Kunden auch nicht bereit auf das neue Angebot zu wechseln. Sie sind glücklich und zufrieden mit den bestehenden Produkten. Lediglich Kunden, welche nicht den vollen Leistungsumfang (unteres Marktsegment) benötigen, sind offen, das Neue auszuprobieren und werden sich vielleicht für die Idee interessieren. Aus diesem Grunde lässt sich mit den neuen Lösungen zu Beginn auch kaum Geld erwirtschaften.

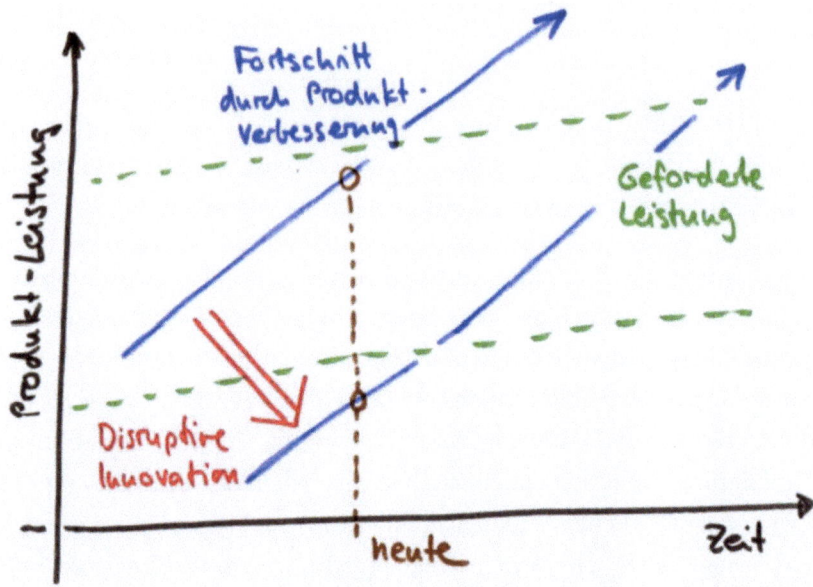

Die neuen Produkte erfüllen die hohen Anforderungen heute noch nicht. Kunden, welche die alten Produkte kaufen, werden daher nicht an der Innovation interessiert sein.

Kaninchen oder Schlange?

Unser Geschäft läuft solide, die bestehenden Kunden sind zufrieden mit uns. Es sind keine disruptiven Veränderungen am Horizont erkennbar. Dennoch bleibt ein ungutes Gefühl, vor allem, wenn wir die rasanten Veränderungen in anderen Märkten betrachten. Was sollen wir denn als Firma tun? Entweder wir warten wie das Kaninchen vor der Schlange in Erstarrung oder wir werden selber aktiv.

Die neuen Technologien und Geschäftsmodelle in anderen Branchen zu beobachten, ist sicherlich ein guter Anfang. Die Technologien ermögli-chen dabei stets eine Innovation (engl. Enabler), das heisst Technologie ist nie Selbstzweck. Aber, neue Technologien verändern alte, vermeintlich in Stein gemeisselte Vorstellungen oder Realitäten in allen Bereichen von Geschäftsmodellen, d.h. von der Wert-Erzeugung über die Auslieferungen bis zur Art und Weise wie Erträge erzielt werden. Die Veränderungen geschehen selten auf einen Schlag aber trotzdem Schritt für Schritt und unaufhaltsam.

Die Technologien bleiben aber nur einen Bestandteil wenn es um Innovation geht. Ausgangspunkt für innovative Lösungen sind versteckte Kundenbedürfnisse. Diese lassen sich durch einen genauen Blick (am besten mit der Lupe) auf die Kunden finden. In welchem Prozess befinden sie sich? Was versuchen meine Kunden zu erreichen? Welche Möglichkeiten ausserhalb meines Wertversprechens haben sie? Was bedeutet für meine Kunden Erfolg?

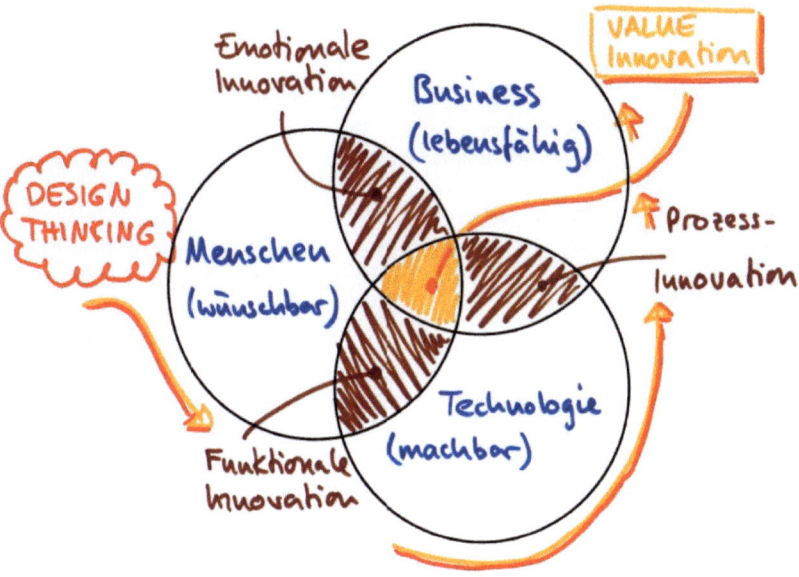

Echte Value-Innovation als Schnittmenge von Wünschen, Technologie und Business.

Die Antworten auf diese Fragen, verbunden mit technologischen Möglichkeiten erschaffen neue Produkte und Dienstleistungen. Lassen sich diese beiden Aspekte auch noch in ein nachhaltiges Geschäftsmodell einbinden, welches in der Lage ist, die Kundenwünsche nachhaltig zu bedienen und Erträge zu generieren, so ist eine Innovation entstanden.

How to start(-up)?

Im stillen Kämmerlein neue Technologien zur Anwendung bringen und nach jahrelanger Feinarbeit auf den Markt bringen, war schon immer mit Risiko verbunden. In unserem dynamischen und komplexen Umfeld lassen sich Reaktionen der Kunden überhaupt nicht mehr voraussagen. Erfahrungswerte von gestern sind schon heute nicht mehr viel Wert. Es bleibt das systematische lernen und ausprobieren bei den Zielgruppen. Der Ausgangspunkt ist dabei der Kunde oder der Konsument.

Vorbilder für diese Art der Produkt- und Dienstleistungsentwicklung sind zum Beispiel die Start-Ups, welche sich nach der Lean Startup Methode ihre Kunden ent-wickeln. Ein Vorteil dieser Methode ist unter anderem, dass mit wenig finanziellem und technischem Aufwand ein grosser Teil der Ideen zuverlässig getestet und gegebenenfalls ausgeschieden werden kann.

Verändern wird sich früher oder später in allen Branchen irgendetwas. So oder so. Den Firmen bleibt der Entscheid selber zu einem aktiven Gestalter der Zukunft zu werden oder zu warten bis sie von jemand anderem zu Veränderungen gezwungen werden. Im letzten Falle wird es auch in Zukunft viele Firmen geben, welche nur noch zusehen können wie der Schnellzug an ihnen vorbeirast... Es bleibt spannend.

Martin Kägi ist Co-Studiengangsleiter des CAS Innovation Management der HWZ. Er berät Firmen in Lean Innovation und Agiler Entwicklung als Partner bei KW+P Management Consultants AG.

Social Media wird

teurer - und

professioneller

Thomas Knüwer

Eines der unterschätztesten Rechercheinstrumente des Internets ist Google Trends. Wer zum Beispiel die Suchhäufigkeit nach "Social Media Marketing" und "Content Marketing" in Grobritannien mit der in Deutschland vergleicht, stößt auf einen interessanten Unterschied. Im Vereinigten Königreich halten sich die beiden Begriffe die Waage in Sachen Suchvolumen:

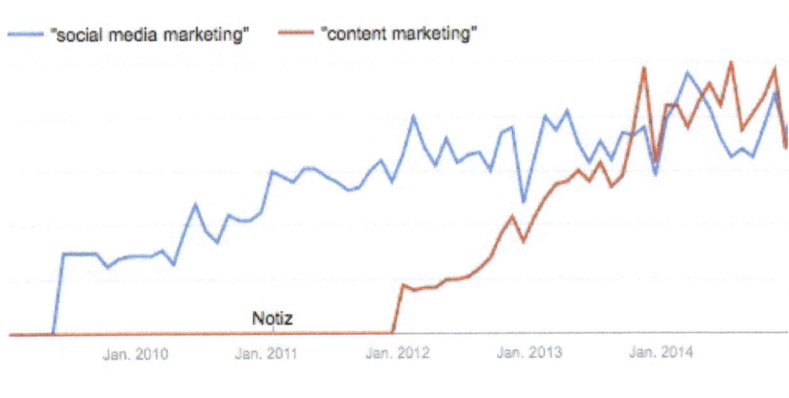

In Deutschland dagegen sank das Interesse an Social Media mit dem Aufkommen des Content Marketing:

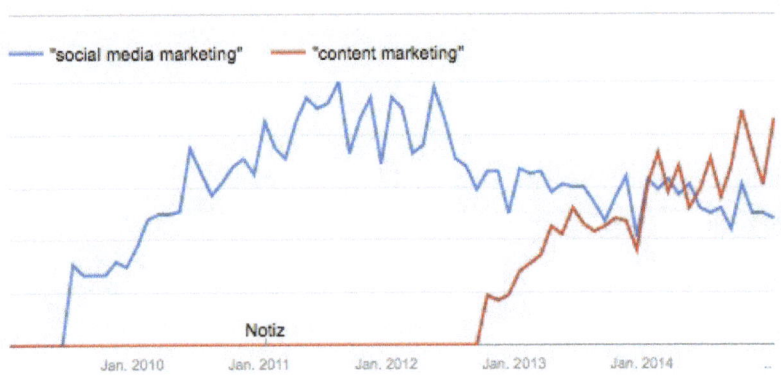

Für die Schweiz sind die Kurven – mangels Masse – leider nicht interpretationsfähig.

Die Grafik untermauert die deutsche Tendenz, digitale Entwicklungen nur als Säue, anzusehen, die durch das Dorf getrieben werden, bis eine neue vorbeikommt. Erst Social Media, dann Content. Das zeigt sich so auch in den Fachmedien: Auch hier wird vor allem ein Thema durchdebattiert, gern mit der Lust am Lustigmachen über Buzzwords hinter denen angeblich nichts steckt. So entsteht dann schnell der Eindruck, ein Thema, das vor ein oder zwei Jahren debattiert wurde, habe keine Bedeutung mehr – und das neue besitze auch nur Entertainmentwert.

Diese Darstellung in den Medien steht im Widerspruch zu dem, was in vielen Unternehmen passiert. Dort ist Social Media nicht verschwunden, untergegangen oder weniger wichtiger geworden – im Gegenteil: Social Media wird immer stärker zum Teil eines größeren Digitalmarketing-Biotops, das an einem spannenden Punkt angekommen ist. Das Online Marketing erreicht ein neues Stadium des Erwachsenwerden – und wird damit verbunden teurer. Festmachen lässt sich das an einigen Trends:

1. Das Marketing übernimmt Social Media

Als das begann, das mit dem Facebookentwitternbloggenundpinteresten, übernahm häufig die Kommunikationsabteilung die Führung. Während Brand Manager sich im Marketing noch mit Mediaplänen und TV-Spots verlustierten, gründeten Unternehmenssprecher die ersten Präsenzen im Social Web: Denn ihre Abteilungen waren kleiner und wendiger. Natürlich war das nicht überall so – aber es passierte häufig. Schließlich kursierten Ende der 00er-Jahre noch Vorurteile wie "Die Leute wollen gar keine Marken im Social Web haben" oder "Das ist alles nur Imagegewinn und hilft nicht dem Geschäft".

Das Marketing in vielen Unternehmen ist inzwischen aufgewacht und übernimmt den Bereich Social Media – auch, weil die Marketers höhere Budgets zur Verfügung haben. Die lesenswerte Studie "The State of Social Media" (erstellt von Simply Measured und unter diesem Link erhältlich) ermittelte für die USA, dass 57% der Social Media-Abteilungen dem Marketing untergeordnet sind und nur 13% der Unternehmenskommunikation.

2. Content Marketing wird komplizierter

"Markets are conversations", heißt es schon im Cluetrain-Manifest. Doch jedes Gespräch braucht einen Anstoß und Inhalte. Und so war Content Marketing eine logische Folge aus der Erkenntnis vieler Markenverantwortlicher, dass sie nicht wussten, worüber sie mit Kunden oder Verbrauchern eigentlich reden sollten. Nun, da das Marketing Stück für Stück die Hoheit über Social Media übernimmt, fällt ihm folgerichtig auch der Bereich Content Marketing zu. Das birgt die Gefahr, sich auf die Herangehensweise zurückzuziehen, die das Marketing aus Media-Schaltungen in den alten Massenmedien gewohnt ist: Es soll möglichst viel Inhalt für möglichst viele Menschen produziert werden. Ganz schnell landen wir dann wieder beim alten Corporate Publishing.

Die individuelle Informationswelt der Kunden, Nutzer, Verbraucher oder wie immer man sie nennen mag, wird dabei aus dem Blick verloren. Denn die teilt sich viel stärker als früher auf. Einerseits in die Felder, über die der einzelne einen Überblick haben möchte – beispielsweise möchte man grob wissen, was gerade in der Kommunalpolitik der Stadt passiert. Diese Inhalte müssen leicht konsumierbar sein und klar auf den Punkt kommen. Andererseits gibt es Themen, in die man tiefer einsteigt, entweder Fachwissen besitzt oder dies Stück für Stück erwirbt. Von diesen Themen kann der einzelne dann selten genug bekommen – wie zum Beispiel von Geschichten rund um den Fußballverein des Herzens.

Foto: Thomas Knüwer

In ersterem Bereich findet sich derzeit wenig, noch immer erkennen Marken die Filterung von Inhalten nicht als valide Dienstleistung. Eine rare Ausnahme ist der Logistics Newsroom der Deutschen Post DHL: Er kuratiert B2B-Nachrichten aus der Logistikbranche und ist zum Service für die Branche geworden.

Bliebe also Variante zwei. Doch die ist harte und teure Arbeit. Denn wer Menschen in einem Bereich, in dem sie sich bereits auskennen, Mehrwert liefern möchte, darf nicht auf Standardware setzen. Gute Inhalte jedoch kosten Geld, egal ob die Marke sie selbst produziert oder im Rahmen von Influencer Marketing von anderen bekommt. Zu viele Unternehmen setzen deshalb auf 08/15-Content ohne Vorüberlegung, welche

Zielgruppen durch den Inhalt angesprochen wird. Diese Inhalte interessieren nur, wenn sie mit reichlich SEO- und Media-Geldern gestützt werden – was die Kosten weiter nach oben schraubt.

Doch nicht nur wegen der benötigtenContent-Qualität wird digitales Marketing teurer. Denn:

3. Digitalmarketing ist mehr als Facebook, Blogs und Twitter

Weiter hängt Deutschland im Bereich Digitalmarketing zurück. Doch schon den kommenden 12 Monaten werden sich Digitalverantwortliche mit deutlich mehr Plattformen beschäftigen müssen. Whatsapp, Instagram oder Pinterest – sie alle erreichen eine gewisse Reifephase, zumindest in der angelsächsischen Welt. 85% der "Interbrand 100", einer Aufstellung der wertvollsten Marken der Welt, nutzt bereits Instagram, 67% sind auf Pinterest.

Dies führt automatisch zum nächsten Punkt...

4. "One content fits all" funktioniert nicht mehr

Eigentlich klingt es ganz einfach: Man nimmt ein Bild oder eine Nachricht oder einen Link und verteilt den über alle Plattformen. So machen es noch immer zu viele Marken. Denn auf verschiedenen Ebenen zeigt sich, dass Anpassungen nötig sind.

Auf Twitter, beispielsweise, erreichen Tweets deutlich höhere Reichweiten, deren Fotos auf Twitter-Format optimiert sind. Auf Instagram dagegen dürfen Texte ruhig länger sein als auf Twitter. Dort dürfen dann auch mehr Hashtags verwendet werden, während bei Twitter eine Ansammlung von # zu einer geringeren Reichweite führt. Und dieses Ökosystem ändert sich dann auch noch häufig. Schon lockt Snapchat, die Mobile-Plattform, die komplett andere Erzählformen und Medienformate erfordert. Kein Wunder, dass Buzzfeed, die News-Seite, die Social Media nutzt, wie keine andere, ein eigenes Adaptionsteam beschäftigt, das nur daran arbeitet, entstehende Inhalte für unterschiedliche Plattformen anzupassen.

Somit wird Social Media Marketing komplizierter und – teurer. Die Zeit der Praktikanten und Billig-PR-Agenturen ist endgültig vorbei, zumindest bei den Unternehmen, die sich ein gewisses Grundlagenwissen erarbeitet haben. Gefragt ist ein strategisch fundiertes Vorgehen mit tiefem Wissen über die Funktionalitäten des Webs – und so etwas gibt es nicht zum Billigtarif.

Diese Situation verschärft sich noch einmal, geht es um Facebook:

5. Facebook wird zum Sonderfall des Social Media Marketing

Das größte aller Social Networks unterscheidet sich in einem Punkt maßgeblich von den allermeisten anderen Diensten: Sein wichtigster Einsteigspunkt – der Nachrichtenstrom des Nutzers – ist individuell vorgefiltert.

Um diese Filterung rankten sich in den vergangenen zwei Jahren viele Mythen. Absichtlich regele Facebook die Reichweite von Marken-Seiten herunter um diese zu Werbebuchungen zu zwingen, hieß es. Und überhaupt: Es sei für Unternehmensauftritte gar nicht mehr möglich, eine ordentliche Reichweite zu bekommen.

Das ist Unfug. Auch weiterhin haben Marken alle Chancen, einen ordentlichen Reach zu erzielen – wenn sie sich Gedanken um das Ökosystem Facebook und die Interessen der Nutzer machen, die sie erreichen wollen. Zu viele Marken bespielen Facebook so, wie sie es vor fünf Jahren schon getan haben: Da wechseln sich Produktfotos ab mit "Hattet ihr ein schönes Wochenende" oder "Der letzte Kommentator gewinnt ein Überraschungspaket". Und am internationalen Tag des Fischbrötchens posten alle was über Fische, Brötchen und/oder Fischbrötchen. Es gibt nur eine Gruppe von Menschen, die mit solchen Inhalten interagieren (und sie somit weiter erhalten): Hardcore-Markenfans. Je nach Größe und Ruf der Marke existieren die in unterschiedlichen Mengengrößen und mit divergierenden Enthusiasmusstufen.

Pages, die sich allein mit den oben genannten Inhalten schmücken, leiden schnell unter der Einseitigkeit der Liker-Interessen. Sie wollen Marke, Marke, Marke, weil sie diese Marke eben so sehr lieben. Versucht das Unternehmen dann eine Markenerweiterung um neue Käuferschaften zu erschließen, gibt es Gegenwind bis hin zur Shitstorm-Stärke. Es ist wunderbar, solch eine Fan-Anlaufstelle zu besitzen. Doch könnten die Tonalität und die inhaltliche Beschränkung abschreckend wirken auf Noch-Nicht-Liebhaber. Und so predigt die Marke dann auf Facebook zu denen, die ohnehin in der Kirche sitzen.

Selbst die bekommen aber immer weniger mit von dem, was eine Marke auf Facebook tut. Das ist nicht Facebooks Schuld. Für wenige Stunden waren im Oktober 2015 die Reichweiten von Markenseiten durch einen technischen Fehler sichtbar. Schnell wurde deutlich, wie wenig Reichweite einige Markenseiten erzielen – im Gegensatz zu Konkurrenten. Unternehmen, die sich aktiv mit den Stellschrauben des Newsstream-Algorithmus beschäftigen, die schnell auf Web-Trends reagieren und ihre Marke dabei nicht brutal in den Vordergrund schieben wollen, erreichten mit jedem Posting weiter 20 bis 40 Prozent ihrer Fans. Andere landeten regelmäßig unter dieser Marke, einige gar unter 10 Prozent je Posting.

Somit erfordert Facebook besondere Arbeit und das macht es – genau: teurer.

6. Ein Agenturbeben steht bevor

Die Lage ist also komplex geworden. Und das überfordert vor allem zwei Elemente der Marketing-Biosphäre: Werbe- und Mediaagenturen. "Das Modell der global Lead-Agentur ist ein Dinosaurier-Konzept", erklärte Brad Jakeman, Chef der Getränkesparte von Pepsico, vor 2.700 Zuhörern auf der Jahreskonferenz der amerikanischen Association of National Advertising: "Wir reden immer noch über 30sekündige TV-Spots – ernsthaft?"

Immer mehr Markenverantwortliche erkennen, dass ihre Dienstleister nur versuchen, jene TV-Spots auf das Internet zu übertragen und behaupten, diese Filmchen "gehen viral". Doch viral geht nichts ohne kräftige Media-Investments. Und die werden geschaltet von Mediaagenturen nach einem für die Kunden nicht transparenten System.

Auf Dauer wird das so nicht weitergehen. Überall ist spürbar, dass sich die Markenverantwortlichen mehr Wissen aneignen oder über Personal einkaufen. Entweder die klassischen Agenturen tun das auch – oder wir werden eine Situation wie in den USA erleben, wo die Digitalisierung neue Agenturen wie Crispin Porter + Bogusky oder Wieden + Kennedy groß gemacht hat: kreative Hotspots mit einem Gefühl für Digitalität

Fazit: Es hat gerade erst begonnen

Nie zuvor gab es eine derart disruptive Situation für Entscheider, in der neue Technik mit Beharrungskräften kollidiert. Wer glaubt, dass sich dies bald auflöst irrt – das Marketing steht vor der vielleicht größten Herausforderung seiner Geschichte.

Thomas Knüwer ist Gründer und Partner der digitalen Strategiebe-ratung kpunktnull in Düsseldorf. kpunktnull entwickelt Strategien und betreibt Social Media-Präsenzen für Kunden wie Opel, Henkel, Deutsche Post DHL oder Bitburger. Bevor er 2009 kpunktnull gründete, war Knüwer 14 Jahre lang in verschiedenen Positionen in der Redaktion des "Han-delsblatt" tätig. In dieser Zeit entstand auch sein bekanntes Medien- und Marketing-Blog Indiskretion Ehrensache. 2011 konzipierte er außerdem als Gründungschefredakteur die deutsche Ausgabe des Innovationsmagazins "Wired".

Crowdsourcing

Rollmaterial

CASE-STUDY: #DIENEUES7

Daniel Krebser, Caspar Lösche

Viele Unternehmen setzen mittlerweile Crowdsourcing als Mittel zum Kundeneinbezug, zur Kundenbindung und zur Produktverbesserung ein. Migipedia ist wohl eines der bekanntesten Beispiele. Dabei stellen sich dem Unternehmen verschiedene Herausforderungen: Es gibt ehemals interne Prozesse in externe Hände. Es muss sich bereits während des Entwicklungsprozess erklären und interne Prozesse und Abhängigkeiten offenlegen. Es muss agil auf externe Ideen und Ansprüche reagieren.

Für Transportunternehmen (TU) kommt hinzu, dass viele wichtige Elemente, wie z.B. die Infrastruktur und das Rollmaterial, oft nur sehr langfristig geplant und angepasst werden können. Züge werden nur alle 40 Jahre erneuert und die Beschaffung ist ein sehr komplexes Projekt mit vielen Variablen, Gesetzesvorgaben und ganz speziellen Anforderungen und Abhängigkeiten, die sich oft erst im Laufe der Beschaffung und Produktion klären lassen. Viele Transportunternehmen sind deshalb bisher davor zurückgeschreckt, ihre Fahrgäste bereits in die Beschaffung von neuem Rollmaterial mit einzubeziehen. Das Höchste der Gefühle war oft ein Fragebogen zur Zufriedenheit mit dem bereits beschafften Rollmaterial. Wie gelingt es in diesem langfristigen Kontext ein Ideenprojekt sinnvoll im Unternehmen zu verankern und nach aussen hin transparent und langfristig zu kommunizieren? Das öV-Unternehmen Regionalverkehr Bern-Solothurn (RBS) hat gemeinsam mit ATIZO 360° von Oktober 2014 bis April 2015 neues Rollmaterial „crowdgesourct":

Vom „Backofen-Mandarinli" zur neuen S7

Der RBS steht in den kommenden Jahrzehnten vor grossen Herausforderungen. Die sich verändernde Mobilität (E-Bike, Carsharing...), aber auch der Umbruch in den Kommunikationsgewohnheiten und der steigende Anspruch an Transparenz im Umgang mit öffentlichen Geldern erfordern neue Wege. Auf der Linie S7 Bern–Worb des RBS verkehren seit 40 Jahren die gleichen Züge, die sogenannten „Mandarinli". Bei Fahrgästen und Anwohnern sorgen die alten Züge mit ihrem fehlenden Komfort heute für Unmut: Im Sommer ist es zu heiss, im Winter überheizt; sie quietschen in den Kurven und bieten zu wenig Platz. Mit dem Start des RBS ins Social-Media Zeitalter auf Twitter, Facebook und einem Unternehmens-Blog im August 2014 wurden diese Probleme wieder allzu deutlich. Plötzlich wurden die vorher nur per E-Mail, Brief oder Telefon eingetroffenen Beschwerden öffentlich sichtbar.

Zu diesem Zeitpunkt hatten die Planungen zur Ausschreibung von 14-16 neuen Zügen intern bereits begonnen, das Bundesamt für Verkehr (BAV) hatte ein Vorgesuch für den Finanzierungsantrag bewilligt. Das Lastenheft wurde im Laufe des Sommers 2015 fertig gestellt sein, so

Das "Mandarinli", seit 40 Jahren im Einsatz auf der Linie S7 (Bern–Worb)

dass die Ausschreibung und schliesslich die Vergabe bis Anfang 2016 erfolgen können. Die neuen Züge sollten dann ab 2018 schrittweise eingeführt werden, ab 2020 werden sie komplett im Einsatz auf der Linie S7 Bern–Worb stehen.

Bereits vor dem Start auf Social Media wurden intern Möglichkeiten zum Fahrgasteinbezug diskutiert. Dies sollte nicht einfach ein PR-Stunt werden, sondern konkrete Ergebnisse für die neuen Züge hervorbringen. Am Ende stand auch die Ressourcenfrage: Je besser die Züge von Beginn weg auf die Bedürfnisse der Kunden abgestimmt sind, desto weniger müssen sie im Idealfall später nachgebessert werden .

Damit ergaben sich für das Crowdsourcingprojekt vier Ziele:

- Goodwill für die noch 4-6 Jahre im Einsatz stehenden "Mandarinli"-Züge der Beschaffung verstärken und gleichzeitig den komplexen und langwierigen Ablauf der Beschaffung der neuen Züge erklären.
- Auf konstruktive Weise Bedürfnisse abfragen und (wenn möglich innovative) Ideen generieren.
- Den RBS als innovatives, dialogbereites Unternehmen positionieren.
- Aufbau der neuen Social Media-Kanäle intern und extern unterstützen.

Interne Integration und externe Begleitung

Crowdsourcing setzt Wandel in Gang. Das Projekt musste also intern sehr eng geführt werden, möglichst hoch in der Hierarchie und nah am Beschaffungs-Projektteam angesiedelt sein. Zwei Mitglieder der Geschäftsleitung und der Projektleiter der Beschaffung bildeten zusammen mit mir das Projektteam für #dieneueS7. Für einzelne Workshops wurden auch der RBS-Direktor oder der Leiter Marketing und die Leiterin Kommunikation mit einbezogen.

Für das nötige Know-How wurde ATIZO 360° engagiert. ATIZO 360° hat eine eigene Crowdsourcing Community aufgebaut (aktuell 25'000 Mitglieder, weltweit), die sie Unternehmen als Unterstützung in ihren Projekten zur Verfügung stellt. ATIZO 360° hat in der Vergangenheit Projekt wie das 150-Jahre-Jubiläum von Mammut („150 Summits"), den Aufbau der Kunden und Fancommunity Migipedia der Migros unterstützt und Rivella bei der Suche nach den neuen Rivella Cliq begleitet. Aus diesen und vielen anderen Erfahrungen wurde für das RBS-Projekt ein Fünf-Phasen-Modell entwickelt. Die fünf Phasen des Projekts waren damit vorgegeben. Drei davon waren extern:

- Die offene Ideensammlung, in der Inputs zur Frage: *„Was würdest du in einer vollen S-Bahn verbessern, damit die Fahrt – vom Ein- bis zum Ausstieg – angenehmer wird?"* gesammelt wurden.
- Die Umfrage, bei der ausgewählte und weiterentwickelte Ideen, sowie grundsätzliche Bedürfnisse der Fahrgäste abgefragt wurden und
- Die Veröffentlichung der Ergebnisse am Schluss des Projekts.

Intern wurde zu Beginn die Ausgangsfrage erarbeitet und die Kriterien, nach denen die resultierenden Ideen schliesslich bewertet werden würden: massentauglich (ohne jemanden auszuschliessen), umsetzbar (technisch und finanziell, kein Luxus) und nachhaltig (wird bis 2050 eingesetzt).

Langfristig angelegt: Die Kommunikation

Die lange Dauer der Beschaffung verlangte einen nachhaltigen Kommunikationsansatz. Das Crowdsourcingprojekt sollte der Anfangspunkt einer fünf Jahre dauernden Kommunikationoffensive sein. Das Projekt wurde so integral wie möglich in die Gesamtkommunikation eingebettet. Der Hashtag #dieneueS7 dient als Bogen für das halbjährige Crowdsourcingprojekt und wird während der gesamten Dauer der Beschaffung bis hin zur Einführung der neuen Züge einsetzbar bleiben. Er ist also explizit nicht auf Reichweite angelegt, sondern auf langfristigen Einsatz. Da sich die Zielgruppe über den Verlauf des Projekts immer wieder ändern sollte, wurden so viele Kanäle wie möglich, aber immer sehr präzise und auf die jeweilige Plattform angepasst eingesetzt. Die vorhandenen Targetingmöglichkeiten auf Facebook und Twitter wurden wo möglich ausgenutzt. Die Kommunikationskampagne war klassisch crossmedial und integriert angelegt. Die gerade gestartete Social Media-Community stand im Zentrum, es wurden aber auch alle bereits bestehenden Kommunikationskanäle des RBS genutzt.

Die Erstkommunikation hatte den erwünschten Effekt: Alle regionalen Medien im Raum Bern berichteten über die Ideensammlung. Das Feedback auf den Social-Media-Kanälen war nahezu ausschliesslich positiv. Nach Ablauf der 30 Tage waren fast 700 Ideen eingegangen, welche auch inhaltlich vielversprechend waren. Eine wichtige Kennzahl war die Zusammensetzung der Ideenautoren: Knapp die Hälfte war neu auf Atizo, und demnach mit grosser Wahrscheinlichkeit unter den RBS-Fahrgästen und –Anwohnern zu finden.

Nach der Verdichtungsphase, die einiges internes Verhandlungsgeschick erforderte, wurden Ideen prämiert und die Bereiche identifiziert, in denen noch offene Fragen bestanden. Da ging es vor allem um die Ausstattung innen (z.B. Steckdosen), den Ein-und Ausstieg (mehr Türen, dafür weniger Sitzplätze?) und das Verhältnis von Steh- und Sitzplätzen. Die daraus entstandenen Fragen wurden in der zweiten externen Projektphase direkt nur an die RBS-Fahrgäste kommuniziert und konnten so in der S7 mobil beantwortet werden. Der Rücklauf von fast 1,200 Antworten ist natürlich nicht repräsentativ, gab den Verantwortlichen aber dennoch Anhaltspunkte für ihre Entscheide für das Lastenheft.

In das erste Design für #dieneueS7 flossen viele Inputs aus der Ideensuche mit ein.

Wurden die Ziele erreicht?

„Goodwill für die noch 4-6 Jahre im Einsatz stehenden "Mandarinli"-Züge der Beschaffung verstärken und gleichzeitig den komplexen und langwierigen Ablauf der Beschaffung der neuen Züge erklären.": Dieses Ziel ist noch nicht abschliessend bewertbar und hängt auch von der

Kommunikation und der Projektführung über die nächsten Jahre ab. Es konnte zum Start der Beschaffung aber bereits viel Goodwill geschaffen werden. Ausserdem konnte das Verständnis für die komplexen Herausforderungen einer Beschaffung erhöht werden, bzw. gezeigt werden, dass das Bewusstsein über die Komplexität eines Bahnbetriebs bei vielen Fahrgästen vorhanden ist. Ein Beispiel dafür sind die Vielzahl von Ideen zu komplexen Themen, wie Ein-und Ausstieg oder die Verteilung der Sitzplätze.

„Auf konstruktive Weise Bedürfnisse abfragen und (wenn möglich innovative) Ideen generieren":
Es wurden fast 700 Ideen generiert, von denen eine 1 zu 1 umgesetzt wird und viele andere in den weiteren Prozess einfliessen. Die Ideengenerierung und Bewertung war insgesamt sehr konstruktiv und hat auch intern geholfen, das Verständnis für unsere Kunden zu erhöhen.

„Den RBS als innovatives, dialogbereites Unternehmen positionieren":
Die zahlreichen positiven Rückmeldungen via Social Media und die Vielzahl von positiven Medienberichten zeigen deutlich, dass dieses Ziel erreicht wurde. Im Herbst 2014 wurde eine kantonale Kundenumfrage durchgeführt. Wir können hoffen, dass sich unsere Ergebnisse in der nächsten Umfrage unter anderem aufgrund dieses Projektes verbessern werden.

„Aufbau der neuen Social Media-Kanäle intern und extern unterstützen": Auf den Social Media-Kanälen konnten die Fan- und Leserzahlen konstant hochgehalten werden. Das Engagement auf Facebook und Twitter war in den Projekt-Monaten ebenfalls hoch. Der bei Weitem erfolgreichste Beitrag (nach Seitenaufrufen und Engagement) auf dem RBS-Blog blieb bis heute der Einstiegspost zum Projekt. Vor allem aber brachte das Projekt fortlaufend neuen und spannenden Content, so dass die Zugriffszahlen hoch blieben. Ein erfreulicher Nebeneffekt war, dass #dieneueS7 als Leuchtturmprojekt die neuen Social Media-Kanäle intern wie extern als Anlaufstelle für RBS-Stories etablieren konnte.

Multi-Cross-Channel-Marketing bei Swisscom

Stephan Mignot

Stephan Mignot leitet bei Swisscom das Kundenmarketing und verantwortet in dieser Funktion das Kundenbestandes-Management und die 1to1 Direct Marketing-Kanäle. Er vertritt im Swisscom-Konzern-Projekt „Multi-Cross-Channel-Initiative" die Marketing- und Privatkunden-Markt-Perspektive.

Stephan Mignot doziert im Rahmen des CAS Multichannel Management an der HWZ zu 1to1 Marketing & Customer Relationship Management.

Warum verfügt die Swisscom über eine „Multi-Cross-Channel-Initiative"?

Unsere Kunden nehmen Swisscom als eine Marke wahr und unterscheiden nicht nach Kanälen: Sie beginnen eine Recherche zu einem Produkt online auf swisscom.ch, rufen bei Fragen das Swisscom Call Center an und gehen danach in den Swisscom-Shop, damit sie das Produkt direkt mitnehmen können. Dieses kanalübergreifende Erlebnis ist heute alles andere als perfekt. Im schlimmsten Fall muss der Kunde sein Anliegen mehrfach neu erklären, da seine Kundenhistorie aus den vorherigen Kontaktpunkten unbekannt ist. Mit unserer Initiative möchten wir das Kundenerlebnis radikal vereinfachen. Ein Kunde soll entscheiden können, welchen Kanal er nutzen möchte und er soll jederzeit zwischen allen Kanälen wechseln können und dies als einfach, bequem und inspirierend erleben. Ziel ist, dass wir den Dialog mit Kunden an allen Kontaktpunkten nahtlos weiter führen können und Kunden in der Kommunikation ein konsistentes Bild vermitteln.

Welche Ziele verfolgt die „Multi-Cross-Channel-Initiative"?

Den Rahmen bildet die Multi-Cross-Channel-Mission: „Wir glauben an den Wert von Kundenbeziehungen und heben uns von anderen ab in der Art und Weise, wie wir Kundenkontakte gestalten. Wir kennen die Geschichte unserer Kunden und nutzen diese aktiv, um sie in ihrer Situation am besten zu begleiten. In jedem Kontakt mit uns bieten wir unseren Kunden das einfachste Kundenerlebnis und reduzieren so ihren Aufwand. Wir überraschen unsere Kunden regelmässig mit neuen Lösungen, die so gut sind, dass sie zukünftig erwartet werden." Mit der Realisierung dieser Mission erreichen wir eine höhere Kundenzufriedenheit, können mit den Kunden mehr Umsatz erzielen und die Kosten zur Erfüllung der Kundenbedürfnisse reduzieren. So sind zufriedene Kunden treuere Kunden; und wenn wir den Kauf unserer Produkte und Dienstleistungen kanalübergreifend vereinfachen, entscheiden sie sich häufiger für unsere Angebote.

Wie geht Swisscom die Realisierung dieser Mission an?

Wir versuchen mehr transversal, d.h. organisations- und disziplinenübergreifend das Kundenerlebnis zu gestalten. Dazu haben wir u.a. die „Multi-Cross-Channel-Initiative" geschaffen. Übergreifend über die Kundensegmente Privatkunden, KMU und Grosskunden und alle Kanäle schaffen wir in 5 Themenclustern die Basis zur Realisierung der Mission.

Sie sprechen von Kanälen? Was versteht Swisscom unter einem Kanal?

Es gibt keine einheitliche Definition von „Kanal". Wir sprechen heute von Kanälen, die ein physischer oder virtueller Kontaktpunkt sein können, z.b. Shop, Website oder telefonischer Kundendienst, aber auch von Kanälen im Sinne eines Marketinginstrumentes wie z.b. TV-, Print-, Plakat- und Online-Werbung, Search, PR, Event, Sponsoring, Kundenprogramme, Newsletter, E-Mails, SMS, Outbound Calls, Direct Mailing. Nicht zu vergessen auch die Kanäle von Partnerunternehmen wie Drittkanäle und Fachhändler, die vom Kunden mitunter auch als „Swisscom-Kanal" wahrgenommen werden.

Marketinginstrumente als Kanäle – was meinen Sie damit?

Die Kanäle im Sinne des Marketinginstrumentes dienen dazu, Kunden und Potenzialkunden zu adressieren und zur Auseinandersetzung mit Swisscom zu bewegen. Sie sollen inspirieren, die Wahrnehmung von Swisscom beeinflussen und Handlungen auslösen – letztlich ein Produkt von Swisscom zu bestellen.

Was sind Herausforderungen bzw. Chancen von Marketing in diesem Kanalverständnis?

Unsere Kunden erwarten stärker denn je, dass wir ihre Bedürfnisse im Detail kennen und basierend darauf relevante Angebote unterbreiten. Marketing von heute bietet viel mehr Möglichkeiten, viel mehr Kanäle und Interaktionsmöglichkeiten. Das schafft neue Optionen, aber auch eine höhere Komplexität, die es zu meistern gilt.

Was bedeutet diese Entwicklung für die Marktbearbeitung?

Grundsätzlich gibt es immer mehr Kanäle bzw. Instrumente im Rahmen der Marktbearbeitung. Eine Marketingkampagne hat heute ein Vielfaches an so genannten Touchpoints mit der Zielgruppe. Es ist entscheidend, welcher Kanal bzw. welches Instrument welche Aufgabe hat und es muss eine Abstimmung darüber erfolgen. D.h. eine prozessuale und organisatorische Orchestrierung sind wichtig.

Was ist ein Killer in diesem Verständnis der Marktbearbeitung?

Wenn Form über Inhalt und Zweck gewinnt. Eine erfolgreiche Multichannel Kampagne bedeutet nicht, dass der Kunde überall das gleiche Sujet sieht bzw. hört. Was er von Swisscom in einem Multichannel-Ansatz erlebt, muss ihm jedoch ein konsistentes Bild vermitteln, d.h. er sollte nicht auf ein Bedürfnis zwei widersprüchliche Antworten von Swisscom erhalten.

Was war ihr grösster Fehler im Multi-Cross-Channel Management? Wo hatten Sie einen besonders guten Riecher?

Der grösste Fehler war, gewisse Kanalverschiebungen von Kundeninteraktionen hart erzwingen zu wollen. Das funktioniert nicht bzw. nur wenn gleichzeitig negative Auswirkungen auf die Kundenzufriedenheit in Kauf genommen werden. Das Kundenerlebnis im Multichannel-Ansatz muss in den neuen Kanälen so überzeugend sein, dass der Kunde sich auch ohne monetären Anreiz dahin bewegt.

Stolz sind wir z.B. auf die sehr positiven Entwicklungen in der Kundenbetreuung per Chat. Wir haben dies relativ früh begonnen und lösen heute viele Kundenprobleme per Chat und begeistern Kunden. Zudem haben wir einige schöne kanalübergreifende Kampagnen realisiert, mit denen wir z.B. mit digitalen Marketinginstrumenten sehr erfolgreich Kunden in einen persönlichen Kanal geführt und dort Absätze realisiert haben.

Ein Plädoyer für mehr Interaktivität

Matthias Sala

Die erste *Website* wurde am 6. August 1991 vom CERN publiziert. Mehr als 20 Jahre danach haben sich Online-Artikel, Blog-Posts, Wikipedia-Einträge und Online-Produktionen kaum verändert: digitale Inhalte sind mehrheitlich immer noch so passiv und so unidirektional wie Bücher, Filme und Fernsehsendungen. Die eigentliche Stärke des neuen digitalen Mediums, die Interaktivität, wird ausser für Social Sharing und die Kommentar-Funktion kaum genutzt.

Durch die Interaktivität kann Kommunikation bidirektional werden. Die Leserin bzw. der Besucher einer Website kann mit dem Inhalt interagieren, mit dem Inhalt «herumspielen», Szenarien ausmalen und im Artikel erwähnte Thesen prüfen und eigene Ideen durchexerzieren. Wie aus Studien über Videogames bekannt ist, sind interaktive Erfahrungen nicht nur fesselnder, sondern der Inhalt bleibt durch das Erlebnis besser im Gedächtnis hängen.

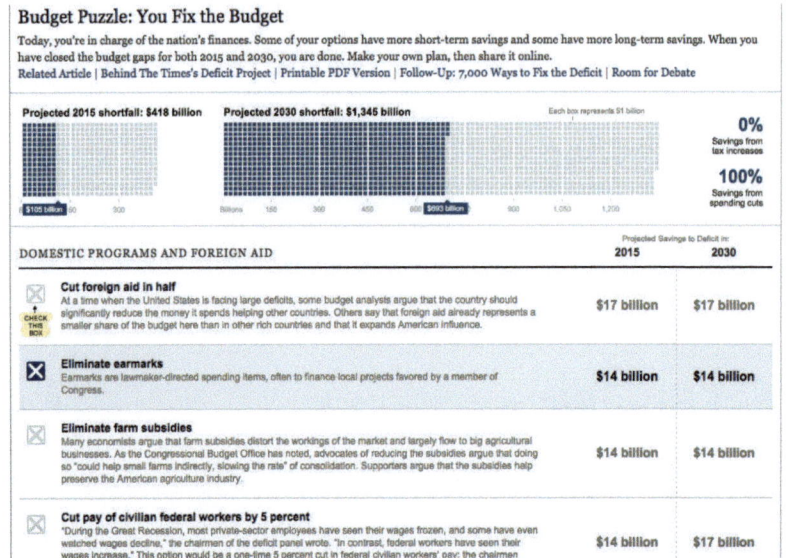

Budget Puzzle: You Fix the Budget, New York Times

Zwischenschritt Multimedia

Ein diesbezüglicher Trend vermischt Medienformen: Texte werden mit bewegten Bildern unterlegt, wie New York Times Reportage *Greenland is melting away*[1]. Mit dem Scrollen durch den Text werden Fotos bei Bedarf heran- und herausgezoomt. Die Neue Zürcher Zeitung reichert ihr Spezialbeitrag über den Snowboarder Youri Podladtchikov während der Winterolympiade mit Videos und einer detaillierten Animation seines Sprunges an[2]. Die englische Zeitung The Guardian geht relativ weit, so dass der Beitrag über *Barrow, Alaska, The new cold war* den Browser mit den vielen Multimedia-Inhalten beinahe in die Knie zwingt[3]. BBC illustriert eindrücklich die Grössenrelationen in der

Dokumentation über die *Journey to the centre of the earth*[4]. Googles *YouTube* führte vor kurzem 360° Videos ein, in denen der Betrachter den Kamerawinkel während der Wiedergabe ändern kann.

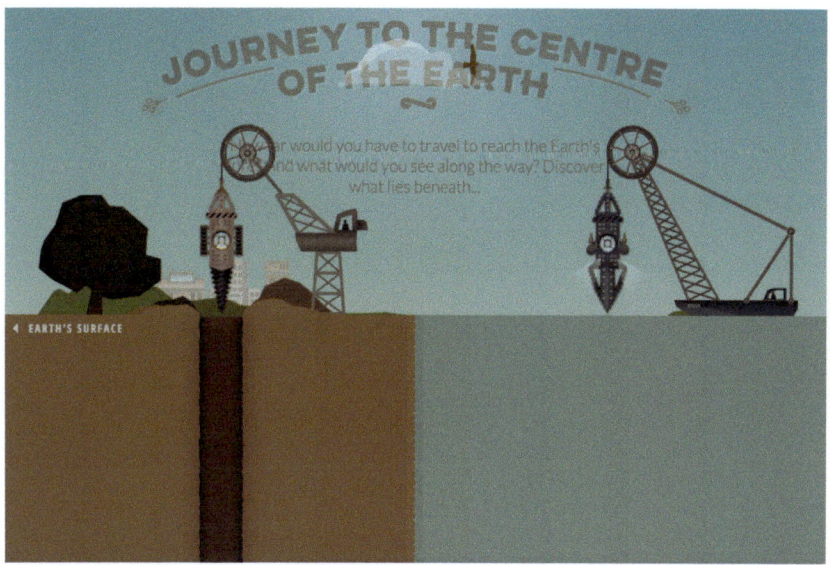

Journey to the centre of the earth, BBC

Im Wesentlichen unterscheiden sich aber diese Formate nicht wirklich vom Buch oder vom Film. Man liest linear durch eine Geschichte. Das Rad an der Maus oder Swipe-Gesten auf dem Touchscreen werden lediglich zum Weiterblättern und zum Zurückspulen verwendet. Die Interaktivität geht hier noch nicht weiter.

Was ist wahre Interaktivität?

Wahre Interaktivität basiert auf einer Wechselwirkung zwischen zwei Parteien. Im Fall von interaktiven Inhalten zwischen dem Betrachter bzw. dem Leser und dem digitalen Inhalt, der Geschichte bzw. der Soft-

Der Yolo Flip, NZZ

ware. Im Wesentlichen fällt der Betrachter Entscheide was er wie dem Medium mitteilt. Der Leser wird mündig und kann nicht nur sein Interesse wie bei der Zeitung mit Weiterblättern oder am Fernsehen mit Weiterzappen mitteilen.

Ein gutes interaktives Beispiel mit Mehrwert ist *Budget Puzzle: You Fix the Budget* der New York Times[5]. Das *Budget Puzzle* ist nicht eine klassische Reportage über den Bundeshaushalt der Vereinigten Staaten von Amerika. Es ist eine Simulation, bei der die Leserin selbst entscheidet, wie Steuern, Krankenversicherung und Militärbudgets aus- oder abgebaut werden. Bei jedem Klick sieht sie direkt die Auswirkungen auf der aktualisierten Infographik. Man kann seine Standpunkte anwählen und sehen, ob es funktionieren würde, oder ob die eigene Idee noch nicht so durchdacht ist. Diese Simulation hat zwei gute Charakteristiken: einerseits wird ein komplexes Thema zugänglich vermittelt und andererseits versteht die Leserin das Problem und die Abhängigkeiten besser.

Klicken ist nicht gleich Mehrwert

Daten-Journalismus ist ein willkommenes Spielfeld für Interaktivität. Der Datenblog der Tamedia visualisiert viele Themen, beispielsweise die Verlagerungen der Meinungen im Parlament vor und nach den Wahlen. Der Artikel *Werde ich 100 Jahre alt?* befasst sich mit dem Alter[6]. Ein Formular lässt den Leser das Geschlecht und den Jahrgang angeben. Das Resultat besagt, dass der Autor mit 11.31% Chance 100 Jahre alt wird und dass der Durchschnitt seines Jahrgangs 85.45 Jahre alt wird. Weiter unten sind Graphen über beide Geschlechter und über alle Jahrgänge hinweg angehängt.

Passiv	Wahrlich interaktiv
Buch	Adventure Romane
Zeitung	Artikel mit Kommentarfunktion
Film	Interaktive Filme
Fernsehsendung	Zuschauerpartizipation
Infographic	Szenarien-Editor
Landkarte	Interaktives Geografie-Quiz
Text-Bild-Kombination mit *Parallax*-Effekt	Artikel mit interaktiven Simulationen
360° *YouTube* Videos	Video Games
Pressemitteilung	Interaktive *Knowledge Nuggets*

Gegenüberstellung von passiven und wahrlich interaktiven Medieninhalten

Die vermeintliche Interaktivität des Formulars mit den Eingabefeldern für das Geschlecht und für den Jahrgang erweist sich als Nachteil:

einerseits weiss man aus dem Resultat („11.31% Chance") nicht, was das Resultat bedeutet— der Kontext fehlt. Man weiss auch nicht, ob der eigenen Jahrgang im Schnitt besonders alt wird oder eben nicht. Andererseits sind die vollständigen Diagramme viel aussagekräftiger und bedürfen keiner mühsamen manuellen Eingabe. Da ist definitiv noch viel Potential für wahre Interaktivität.

Hingegen äusserst interaktiv geht die Webseite *You Don't Know Africa* unter youdontknowafrica.com vom Schweizer Journalisten David Bauer mit geografischen Daten um. In einem Quiz mit Zeitdruck wird der Besucher gemahnt, wie viel oder wie wenig er über die Geografie des Kontinents Afrika weiss. Die geschickte Kombination aus Gamification und Daten motivieren die Besucher dazu, die Ländernamen und Orte sich besser einzuprägen.

Gründe für passive Inhalte

Es ist klar, dass interaktive Inhalte in der Produktion aufwändiger sind. Der Autor muss eine Vielzahl von Konstellationen durchdenken, recherchieren, Experten dazu befragen und die Modelle der Simulation entsprechend aufbauen.

Dennoch gibt es einen grossen Pluspunkt für interaktive Inhalte: in einer Welt mit Artikeln, die eine Halbwertszeit von wenigen Stunden oder Tagen haben, stechen interaktive Inhalte hervor, sind zeitlos. Die New York Times hat das *Budget Puzzle* 2010 veröffentlicht. Der vorliegende Text zitiert diesen Artikel 5 Jahre später– eine digitale Ewigkeit.

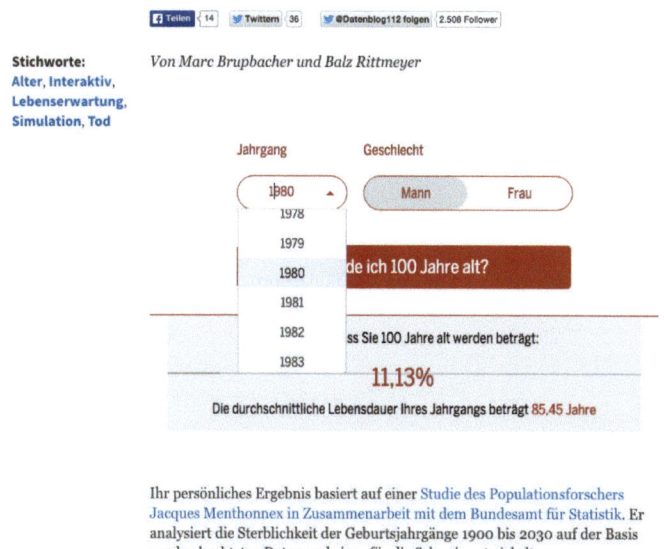

Formular zur Dateneingabe, Werde ich 100 Jahre alt?, Datenblog, Tamedia

Interaktive Kommunikation

Man stelle sich vor, ein interaktiver Zeitungsartikel über Stromknappheit in Nordamerika würde mit einer kleinen interaktiven Simulation in Form einer Art «Schneekugel» angereichert, die es dem Leser ermöglicht, verschiedene Szenarien nachzustellen: mehr Investitionen in Infrastruktur bringen zwar sichere Übertragung, aber dann fehlt das Budget für den Aufbau neuer Kraftwerke. Was würde passieren, wenn eine Atomstrom-Strategie verfolgt würde? Wie wären die Effekte vergleichbar mit einer Strategie aus einem Mix erneuerbarer Energie?

Auch in der Unternehmenskommunikation lassen sich Messages interaktiv erfahrbar machen und Zusammenhänge mit interaktiven Simu-

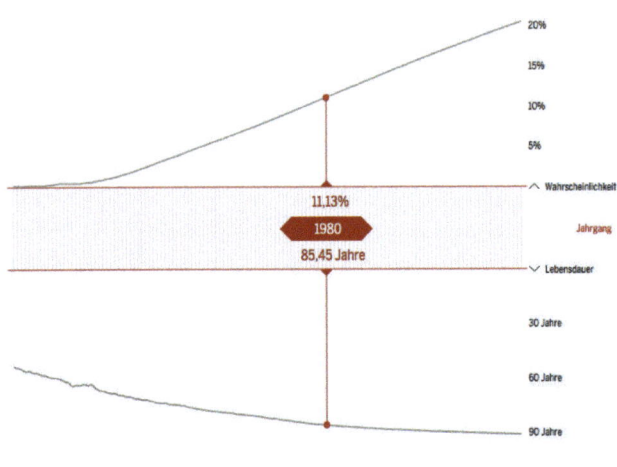

Vollständiger Graph, Werde ich 100 Jahre alt?, Datenblog, Tamedia

lationen leichter erklären. Also, warum nicht interne Lernmaterialien interaktiv gestalten, so dass die Mitarbeiter und sogar die Kundschaft motiviert die Inhalte verinnerlicht?

Fazit

Wahrlich interaktive Zeitungsbeiträge haben enormes Potential. Steigen Autoren und Medienhäuser jetzt in das Feld ein, können sie leicht Pionierarbeit leisten und sich national und international bei den Lesern sowie bei den Werbekunden profilieren. Und Firmen, die ihre Kommunikation interaktiv gestalten, können ihre Adressaten effektiver und nachhaltiger erreichen.

Ich freue mich auf eine Zukunft mit mehr wahrlich interaktiven Medien.

Matthias Sala ist Gründer und Geschäftsführer des Spielstudios Gbanga, Millform AG. Als Game Designer setzt er sich täglich mit dem Thema Interaktivität auseinander. Matthias hat Informatik mit Architektur im Nebenfach an der ETH Zürich studiert und unterrichtet an der HWZ zu den Themen Gamification, Social Game und Business Modellen in Games.

[1] http://www.nytimes.com/interactive/2015/10/27/world/greenland-is-melting-away.html

[2] http://iouri-in-sotschi.nzz.ch

[3] http://www.theguardian.com/environment/ng-interactive/2015/jun/16/drilling-oil-gas-arctic-alaska

[4] http://www.bbc.com/future/bespoke/story/20150306-journey-to-the-centre-of-earth

[5] http://www.nytimes.com/interactive/2010/11/13/weekinreview/deficits-graphic.html

[6] http://blog.tagesanzeiger.ch/datenblog/index.php/10651/werde-ich-100-jahre-alt

UX over Features – Der Mensch im Fokus.

Marcel Vogt

Einleitung

Der Begriff „User Experience", kurz UX, wird meiner Meinung nach häufig zu eng definiert und meist an nur einer Person, dem UX Spezialisten, festgemacht. Selten wird UX als Querschnittsthema im Rahmen des Qualitätsanspruchs an ein Projekt verstanden.

Um eine gute User Experience zu erzielen, braucht es nicht einen spezifischen Job, den UX Spezialisten. Meiner Ansicht nach müssen alle am Projekt beteiligten Experten in ihrem Arbeitsbereich und in der Projektphase, in welcher sie hinzugezogen werden, der User Experience Priorität beimessen. Vom administrativen Job, über das Projektmanagement bis hin zu den Strategen und dem Management trägt jede am Projekt beteiligte Person dazu bei, das bestmögliche Produkt für den End-User oder Kunden zu realisieren. Noch besser wären interdisziplinär zusammengesetzte Teams, deren Mitglieder während des gesamten Projekts eng zusammenarbeiten, um das jeweils vorläufige Ergebnis stetig weiter zu entwickeln.

UX Disziplinen

Die nachfolgende Grafik zeigt einen möglichen Prozessablauf bei der Bearbeitung von digitalen Projekten. Sie führt zudem die Disziplinen und Massnahmen an, die hierbei zum Zug kommen können.

Zwei Punkte gilt es bezüglich dieser Graphik zu erwähnen. Erstens kann und soll der Ablauf je nach Projekt und Budget variieren. Die Schwierigkeit ist es, eine ausgewogene Mischung der einzelnen Massnahmen zu finden. Zweitens ist der in der Grafik aufgeführte Ablauf ausser in sehr kurzfristig gültigen Projekten nie zu Ende. Grundsätzlich kann gesagt werden, dass man sich stets in kleinen oder grösseren Kreisen bewegt und dabei immer wieder einen oder mehrere Schritte im Ablauf zurückspringt, um für einzelne Verbesserungen den ganzen Prozess oder Teilprozesse erneut bis zum Ende durchzulaufen.

Ich möchte nicht auf die einzelnen Disziplinen und Massnahmen eingehen, da sich hierzu bereits genügend Informationen finden lassen. Viel wichtiger scheint mir, dass man sich den einzelnen Prozessschritten und den involvierten Disziplinen bewusst ist und dass man ein Projekt jeweils von Anfang an gut aufgleist. Denn nicht selten wird bei der Struktur angefangen, ohne dabei auf eine klare Vision, Unternehmenskultur und Strategie aufbauen zu können. Wie wichtig diese Punkte jedoch für eine gute UX sind, zeigen die nächsten Abschnitte auf.

UX Timeline

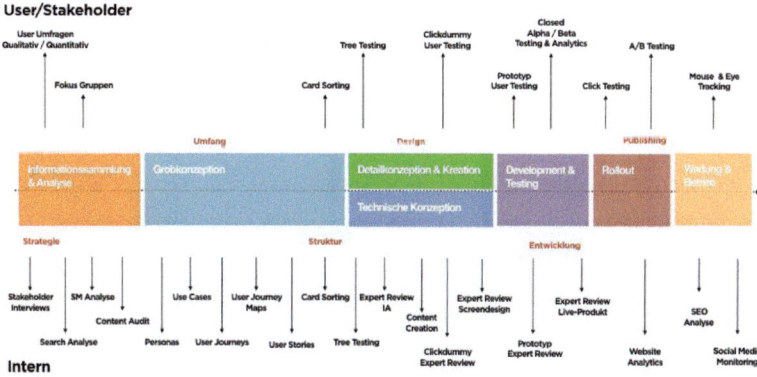

Unternehmen

Die Weichen für eine gute UX werden in der Firmenphilosophie und in der Vision eines Unternehmens gestellt. Bereits hier muss die kundenzentrierte Sicht verankert sein. Somit sind die eigentlichen UX Spezialisten die Führungsverantwortlichen, welche die Firmenphilosophie und die Vision definieren. Sie müssen diese Sichtweise vorleben und der Orientierung am Menschen auch intern einen grossen Stellenwert beimessen. Denn nur, wenn im eigenen Unternehmen die Mitarbeitenden geschätzt und ins Zentrum gerückt werden (und hier zählen auch externe Partner dazu, die nicht nur als Lieferanten, sondern als gleichwertige, langfristige Teammitglieder, welche die Vision und Mission des Unternehmen ebenfalls mittragen, wahrgenommen werden müssen), kann die Orientierung am Menschen und an dessen Bedürfnissen gegen aussen gelebt werden.

UX ist somit keine Disziplin, sondern eine Denkhaltung, die in jedem Unternehmen verankert sein sollte. Denn wenn wir beginnen, partnerschaftlich, transparent, auf Augenhöhe mit und für den Kunden/User zu arbeiten, dann werden wir schneller auf den sich verändernden Markt und auf die Bedürfnisse reagieren können. Und wenn wir vom anderen, auch vom Kunden/User lernen, ist die Chance auf Verbesserung und Innovation wesentlich grösser.

Dies ist nichts Neues, jedoch sind zum Beispiel auch jegliche Bezahlmodelle zu hinterfragen. Pay as you live, Pay per Use und weitere sind Modelle, die sich auf das Verhalten konzentrieren und die eine Firma forcieren, weiter innovativ zu bleiben, sich ständig weiter zu entwickeln und kundenzentriert zu bleiben.

Damit diese Denkhaltung in einem Unternehmen verankert werden kann, muss langfristig gedacht werden. Eine zu kurzfristige, rein ergebnisorientierte Denkhaltung kann zwar kurzfristig Gewinne einbringen, wird aber in den seltensten Fällen optimal für den Endkonsumenten sein, auch weil er häufig als Versuchskaninchen fungiert. Innovation und langfristiger Erfolg können nur durch Weitsicht und Strategien, die über ein Quartal hinausreichen, geschaffen werden. Doch hierfür braucht es Entscheidungsträger und Mitarbeiter, die Verantwortung übernehmen, zudem sind flache Hierarchien nötig die Selbständigkeit und das Mitdenken des Einzelnen fördern. Die kundenzentrierte Kultur im Unternehmen und die Leidenschaft des Einzelnen müssen gefördert werden.

Prozesse und digitale Produktentwicklung

Um digitale Produkte zu entwickeln – ganz egal ob eine Webseite, eine App oder ein neuartiges digitales Businessmodell – braucht es zeitgemässe Prozesse und Strukturen.

Transparente Information und schnelle Produktzyklen, welche auch das Kundenfeedback integrieren, sind zentral. Wir sollten Kunden als Partner wahrnehmen und ihnen einen ehrlichen und transparenten Dialog anbieten. Wenn der Kunde nicht nur als Abnehmer und Einnahmequelle gesehen wird, kann sich eine längerfristige Partnerschaft entwickeln, welche sich für beide Seiten lohnt. Mit Kunden kann und soll getestet werden. Ergebnisse können jederzeit mit A/B-Tests optimiert werden. Der Einbezug der Kunden sollte jedoch zwingend schon früher, bereits in der Strategiephase, stattfinden und danach immer wieder in jeder neuen Entwicklungsphase. So können Influencer und Ambassadoren für das Produkt gewonnen werden, welche echte Loyalität gegen aussen tragen.

Es wird viel von Loyalitäts-Modellen und Gamification gesprochen, jedoch müssen wir davon wegkommen, dass es hier nur um Status geht. Echte Loyalität entsteht durch Integration in interne Prozesse und durch Mitbestimmungsrechte, ganz nach dem Beispiel der Software- oder Game-Industrie, die Champions oder User-Groups nicht einfach mit kleinen Geschenken abspeist, sondern sie in frühe Versionen integriert und sie in die Weiterentwicklung involviert.

Es muss zudem das Bewusstsein dafür entstehen, das ein Produkt nie fertig ist. Der Anspruch muss sein, dem Verhalten der Zielgruppe mindestens gleichzuziehen oder sogar leicht voraus zu sein. Nur so wird das Produkt sich mit dem Konsumenten und seinem sich verändernden Verhalten weiterentwickeln und sich auf dem Markt behaupten.

Technologie

Eine grosse Schwierigkeit stellt die Technologiewahl dar. Durch die Geschwindigkeit der Veränderung in der Technologie wird es auch in den nächsten Jahren eine ständige Herausforderung darstellen, die geeigneten technologischen Werkzeuge zu wählen. Technologien können relativ schnell verschwinden oder sich im Vergleich zu anderen zu langsam entwickeln, so dass sie nicht mehr konkurrenzfähig sind.

Flash ist ein Beispiel für das mögliche Verschwinden einer Technologie. Aber auch HTML als Alternative, welches sich nur schwerfällig entwickelt, birgt das Risiko, in Zukunft von einer anderen Technologie überholt zu werden.

Open Source oder Lizenzmodelle, fragmentierte Lösungen, die einen agileren Umstieg ermöglichen oder eine Langzeitstrategie mit einer grossen Lizenzlösung, die jedoch abhängig macht und oft schwerfälliger und teurer ist – eine Patentlösung gibt es nicht und Standards ändern sich laufend.

Wenn das Produkt im Vordergrund steht, darf die Technologie die Produktentwicklung nicht bremsen. Die Technologieauswahl darf nicht die Entwicklung steuern. Im Idealfall soll die Technologie sich immer dem Produkt anpassen. Ein modernes Unternehmen soll sich auch in der IT den agilen und kundenzentrierten Vorgaben anpassen können.

Privatsphäre und globale Regeln

Ein schwieriges Thema im Kontext der userzentrierten Sichtweise ist die Privatsphäre des Einzelnen. Hierzu würde ich mir wünschen, dass globale Regeln und staatliche oder gar globale Kontrollorgane bestehen würden, welche den Umgang mit Daten regeln. Einer der wichtigsten Aspekte ist für mich die Transparenz. Der Einzelne soll meiner Meinung nach entschieden können, wer zum Beispiel die verhaltensbezogenen und soziodemographischen Daten weiterverwenden kann. Nur schon ein Retargeting soll auf dem Willen und der Entscheidung des Einzelnen beruhen und so transparent werden.

Auch die Bevormundung, wie sie Google oder Facebook vorleben, indem sie einem jeden Einzelnen nur die Inhalte zeigen, die ein Algorithmus für sie relevant hält und somit den Einzelnen sich in seinem eigenen Filter-Bubble bewegen lässt und wenig differenzierte Meinungen erhält, soll mit grosser Skepsis betrachtet werden.

Wenn ein Kunde in Zukunft Daten von sich preisgibt, soll er selbst entscheiden können, was mit ihnen geschieht. Die digitale Mündigkeit des einzelnen Kunden wird in Zukunft grösser werden und ein jeder sollte sich fragen, wann und wem er seine Daten zur Verfügung stellen möchte. Es reicht nicht, dass man nur entscheiden kann, ob man auf einer Plattform dabei sein will und damit alle Daten freigibt oder ob man auf die Plattform verzichtet und gar nichts preisgibt. Es sollte die Möglichkeit bestehen, je nach Zweck, für welchen die Daten verwendet werden, zu entscheiden, ob man seine Daten freigeben möchte oder nicht.

Zudem sollte ein jeder eine Gegenleistung für seine Daten erhalten, personalisierte Werbung ist damit aber nicht gemeint. Warum soll jemand nicht den ganzen Tag Werbung schauen und damit seinen Lebensunterhalt verdienen können, schliesslich gibt er das Geld ja zum Teil wieder für beworbene Produkte aus? Es gibt meiner Ansicht nach keinen Grund, weshalb ein User für die Preisgabe seines Verhaltens und seiner Gewohnheiten hierfür nicht einen wirklichen Mehrwert erhalten soll.

Was tatsächlich ein Mehrwert für den Einzelnen darstellt, ist relativ und sollte jeder selbst entscheiden können. Wenn ich meine Ess- oder Bewegungsgewohnheiten preisgebe, dann wohl eher einer Krankenkasse, der ich vertraue und von der ich in Form von einem gewissen Service oder Prämienvergünstigungen etwas zurückerhalte, als einem Softwarekonzern, von dem ich nicht weiss, was er mit meinen Daten macht.

Die Mündigkeit der User wird steigen und ein jeder wird sich aussuchen, welche Daten er zu welchem Preis freigeben wird. Dies sollte in jeder Produktentwicklung in Zukunft mitgedacht werden.

Was kommt jetzt?

Durch die digitalen Möglichkeiten kann und muss man heute viel näher am Kunden sein. Stichworte wie Mobile Moments oder Micro Moments werden zukünftig noch wichtiger sein. Zeit-, verhaltens-, orts-, prozess- und personengebundene Produktentwicklung, aber auch Kommunikation werden in Zukunft noch viel einfacher, was zu einer Verlagerung von Mobile zu App First führen wird.

Das tägliche Begleiten des Users mit Funktionen und Inhalten, die auf ihn zugeschnitten sind und dadurch auch eine unaufdringliche, aber gezielte Kommunikation ermöglichen, wird zu mehr Relevanz für den Einzelnen führen. Fixe Strukturen und Inhaltsarchitekturen werden immer mehr verschwinden und den persönlichen, auf den Einzelnen zugeschnittenen User-Journeys Platz machen. Dies nicht nur funktionell, sondern auch inhaltlich.

Die noch grössere Verlagerung vom Browser Richtung Apps sowohl auf Mobile, aber in Zukunft auch auf Desktop wird dazu führen, dass die Relevanz von Inhalten und den Service für den Einzelnen wieder steigt. Gleichzeitig aber wird die Schwierigkeit darin bestehen, an den User zu gelangen. Deshalb wird es in Zukunft noch wichtiger sein, durch das Produkt selbst zu punkten, gute Earned Media zu erhalten und nah am Kunden zu sein, anstelle sich auf Push mit Paid Media zu verlassen.

Im Zusammenhang mit dem Internet of Things, dem Internet of Home und anderen M2M Anwendungen werden smarte Produkte entstehen, von denen alle profitieren können. In diesem Sinne werden auf den User bezogene relevante Inhalte, Services und individuelle Loyalitätsmechanismen immer wichtiger werden.

Fazit

In der Welt der digitalen Projekte und Produkte, die schnell und pragmatisch gewachsen ist, hinkt in vielen Disziplinen die Professionalität hinterher. In Zukunft müssen neben einer enabler Vision und Kultur, interdisziplinäre Prozesse und Teams mit Spezialisten geschaffen werden, welche agil zusammenarbeiten.

Durch die Digitalisierung und die Automation kann mehr Kundennähe entstehen. Wir können durch Prozessoptimierung und Automation entweder Zeit und Geld einsparen oder die Ressourcen, die wir gewinnen, in die Weiterentwicklung und Innovation stecken. Letztgenanntes wird in Zukunft entscheidend sein, wenn man mit der globalen Konkurrenz mithalten oder sich gar gegen sie durchsetzen möchte.

Es wird wichtig sein, eine langfristige Kultur der Innovation und der Menschzentrierung zu implementieren, um so den Kunden als mündigen digitalen Menschen erreichen zu können und ihn ehrlich an sich zu binden. Technologie und Algorithmen können und werden einen grossen Teil der Produkte einnehmen. Der Kunde wird in Zukunft mehr für seine Daten, mit denen ein Unternehmen arbeiten kann, wollen – dies völlig zurecht. Ob dies in Form von Services sein wird oder einer sachlichen Währung wie Geld ist sekundär. Der Mehrwert für den Einzelnen wird entscheidend sein.

Die Zukunft wird wieder vermehrt menschzentriert sein.

UX ist SEO ist CRO

Lucia Yapi

Jeder, der eine Website besitzt, möchte damit Menschen ansprechen, die sich für die Inhalte interessieren oder gar begeistern. Im geschäftlichen Umfeld sollen diese Website-Besucher dann zu Kontakten und Kunden werden. Doch wie macht man dies nachhaltig?

Präsenz auf Google

Mit der Website auf Google gefunden zu werden, ist meist der erste Schritt. Längst googeln die Schweizer über alle Altersgruppen hinweg mehrfach täglich nach allen möglichen Suchanfragen, privat wie beruflich, und immer mehr auch auf mobilen Geräten wie Smartphones und Tablets. Jegliche Produkte und Dienstleistungen werden gesucht, die Ergebnisse verglichen und inzwischen sogar immer mehr online gekauft. Spannende Daten dazu pro Land und Branche stehen auf www.consumerbarometer.com.

Für Unternehmen bedeutet eine gute Präsenz auf Google nicht nur eine grössere Anzahl von Besuchern der eigenen Website sondern auch mehr Kunden und Umsatz. Häufig liefert Google über die Hälfte des gesamten Traffics. Die Abhängigkeit von dieser Quelle ist also ziemlich hoch.

Elemente der Suchmaschinenoptimierung

Die sogenannte Suchmaschinenoptimierung bzw Search Engine Optimization (SEO) bezeichnet nach Wikipedia alle "Massnahmen, die dazu dienen, dass Webseiten im organischen Suchmaschinenranking in den unbezahlten Suchergebnissen (...) auf höheren Plätzen erscheinen."

Gerade die obersten Plätze sind entscheidend, denn diese holen fast die Hälfte aller Klicks ab. Ab der 4. Position sinkt die Klickrate (CTR) bereits markant, und ab der 10. Platzierung, die meist schon auf der 2. Suchergebnisseite (SERP) steht, werden insgesamt weniger als 10% aller Nutzer erreicht. Dies zeigt auch die Graphik von Richard Kirk:

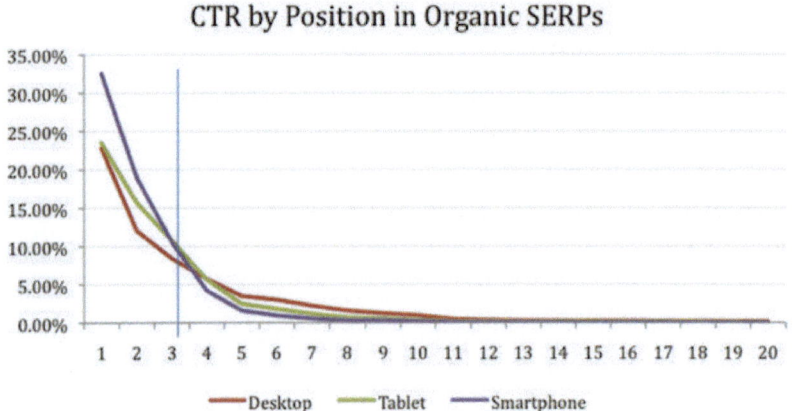

SEO ist ein Teil des Suchmaschinenmarketings. Denn seit 15 Jahren kann man über Google AdWords auch Werbung auf Google schalten und somit über bezahlte Anzeigen die Nutzer ansprechen und zur Website leiten.

Doch bevor man in kostenpflichtige Werbemassnahmen investiert, ist der Fokus auf die natürliche Indexierung und Präsenz auf Google zu legen. Entgegen diverser Mythen hängen diese beiden Massnahmen nicht direkt zusammen, wie Google bestätigt: "Eine Anzeigenschaltung bei Google wirkt sich in unseren Suchergebnissen nicht auf den Rang Ihrer Website aus. Google nimmt niemals Geld für die Einbeziehung oder das Ranking von Websites, und die Schaltung in den indexbasierten Suchergebnissen ist kostenlos."

Die Kriterien für ein gutes Ranking ändern sich zwar ständig, doch grundlegende Elemente blieben bislang stets bestehen. Google hat die wichtigsten Punkte in einem kleinen SEO-Guide zusammengestellt. So berücksichtigt Google

- den Inhalt,
- seine technische Programmierung (On-Page) und
- die Verlinkung auf diesen im Web (Off-Page)

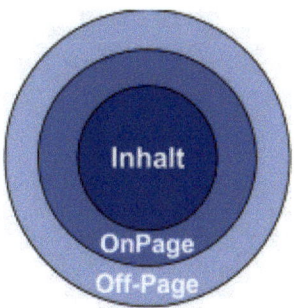

In den letzten Jahren hat der Content mit allen On-Page-Kriterien immer mehr an Bedeutung gewonnen. So gehört die Erarbeitung und Durchführung einer Content Strategie inzwischen zu einer nachhaltigen Suchoptimierung dazu. Die technische Umsetzung ist nur noch Mittel zum Zweck und sollte für Google einfach keine Hürden darstellen, um die Website zu finden und deren Inhalte rasch zu lesen. Und die Verlinkung von anderen Websites wie Verzeichnissen, Blogs und Social Media Plattformen wird viel qualitativer als früher betrachtet. So ist nicht mehr die reine Masse an sogenannten Backlinks entscheidend sondern die Relevanz bezüglich Thema und Nutzer.

Fokus auf den Nutzer

Google sammelt und bewertet immer mehr Signale von Nutzern, um die Reihenfolge der Suchergebnisse zu bestimmen. Es gilt also, für Nutzer ansprechende Websites zu gestalten mit attraktivem Content, der sich an die Zielgruppe richtet und deren Bedürfnisse kennt und beantwortet und zudem eine positive Nutzererfahrung auslöst. Content muss in jeder Hinsicht sinnvoll sein. Nur dann werden Website-Besucher auch zu Kunden.

Websites müssen also für die Nutzer und nicht für Suchmaschinen erstellt werden. SEO ist kein Selbstzweck mehr sondern orientiert sich an der Zielsetzung des Unternehmens wie z.B. der Gewinnung von Kunden und Umsatz.

Da immer mehr Websites um die Gunst der obersten Platzierung kämpfen, ist es immer schwerer, sich qualitativ markant von anderen zu unterscheiden. Das entscheidende Qualitätsmerkmal ist eine ausgezeichnete User Experience (UX), die gemäss Wikipedia "alle Aspekte der Erfahrungen eines Nutzers bei der Interaktion mit einem Produkt, Dienst, einer Umgebung oder Einrichtung" umfasst.

Für Websites bedeutet dies ein grossartiges Design, das responsive, intuitiv und einladend gestaltet ist. Alle Elemente müssen sofort verständlich und einfach navigierbar sein – und zwar auf jedem Gerät, mit dem die Zielgruppe die Website besucht. Um seine Zielgruppe besser zu verstehen und mehr über deren Erwartungen und Verhalten zu erfahren, gibt es zahlreiche Methoden, z.B. Tests oder Umfragen. Doch damit Besucher auch zu Kunden werden, braucht es mehr.

Menschen entscheiden sich für einen Anbieter oder Dienstleister, wenn sie diesem vertrauen. Dieses Vertrauen kann sich auf das Unternehmen, die Marke, das Produkt, den Service, die Mitarbeiter oder andere Kriterien beziehen. Damit ein Nutzer sich online informieren und Vertrauen aufbauen kann, müssen alle diese Inhalte auch umfassend und ansprechend auf der Website vorhanden sein. Je mehr dieser Content zugleich mit dem Nutzer interagiert, desto besser. Denn so wirkt die Website aktuell, lebendig und vertrauenserweckend. Ein Blog ist z.B. ein ideales Format dafür.

Aus Nutzern werden Kunden

Erfolgreiche Websites zeigen die Persönlichkeit des Unternehmens und verändern sich schrittweise, gerade über einen längeren Zeitraum. Natürlich gibt es immer wieder neue Produkte und Dienstleistungen oder fachliche Entwicklungen, über die man kommunizieren kann. Idealerweise wandelt sich die Website auch, weil das Unternehmen Erkenntnisse über das Nutzerverhalten erfasst und auswertet und in Anpassungen online umsetzt.

Derart erarbeitete Optimierungen lohnen sich gleich doppelt: Sie erhöhen einerseits die Zufriedenheit der Nutzer, was sich z.b. an tieferen Absprungraten, einer längeren Verweildauer oder mehr abgeschlossenen Zielhandlungen wie Bestellungen Anmeldungen oder Kontaktanfragen messen lässt. Und sie ermöglichen andererseits die Gewinnung von mehr Kunden und die Erhöhung des Umsatzes für den Unternehmer. Diese Website-Anpassung, die das Erreichen von Zielen – sogenannten Conversions – verbessert, wird Conversion Rate Optimierung (CRO) genannt.

Google erfasst derartige Änderungen einer Website ebenfalls und bewertet sie positiv für das Ranking auf der Suchergebnisseite. Denn Google möchte vor allem jene Websites ganz oben anzeigen, die den Nutzern gut gefallen. Wer UX also im fachlichen Austausch mit Nachbardisziplinen angeht, bietet die optimale Grundlage für SEO und CRO zugleich, denn er

- erfährt mehr über seine Zielgruppe,
- erstellt für diese passenden ansprechenden Content,
- erreicht damit eine gute Präsenz auf Google,
- erhält dadurch mehr Website-Besucher und
- erlangt insgesamt mehr Conversions.

Über die Autorin

Lucia Yapi arbeitet seit über 10 Jahren im Bereich Suchmaschinenmarketing. Als Mitarbeiterin von Google Schweiz betreute sie namhafte Firmen und Agenturen und leitete danach beim Migros Genossenschafts-Bund ein Team erfahrener Spezialisten in den Bereichen UX und

Inbound Marketing. Heute berät sie mit ihrer Firma Yapi Web GmbH kleine und mittlere Unternehmen und unterrichtet als Dozentin in diversen Fachhochschulen und Ausbildungsinstituten.

Mit Online-PR zum Erfolg

INTEGRIERT, CROSSMEDIAL UND VERNETZT

Marie-Christine Schindler

Immer mehr Unternehmen und Organisationen nutzen Facebook, Twitter, Instagram und weitere soziale Medien. Damit begeben sie sich dahin, wo sie ihre **Zielgruppen** bereits vermuten. Bereits in vielen Köpfen angekommen ist auch die Erkenntnis, dass die eigene **Website** oder der **Blog** im Internet als **Hub** als Basis strategisch wichtig sind. Facebook hat seinen Exotenstatus längst verloren, langsam aber sicher wird die Kanaldenke durch den Content First-Ansatz abgelöst. Heute sind Begriffe wie **Content-Strategie**, Content-Marketing und der Newsroom im Unternehmen Themen welche Kommunikatoren beschäftigen. Auch wenn Kommunikation immer spontaner und näher bei den Stakeholdern möglich ist darf das nicht darüber hinwegtäuschen, dass sie besser denn je geplant werden muss. Der Weg zum Erfolg führt über die Dimensionen **integriert**, **crossmedial** und **vernetzt**.

PR heute: schneller und komplexer

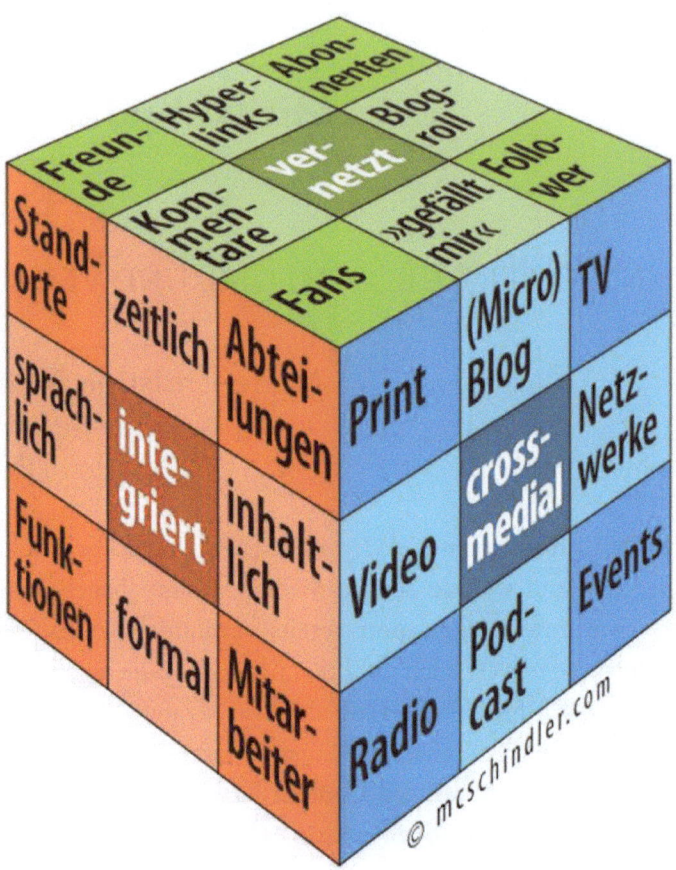

Niemand würde wohl von der Hand weisen, dass mit dem Social Web die Kommunikation für Unternehmen vielfältiger, spontaner und näher bei den Anspruchsgruppen möglich ist. Sie ist aber auch komplexer geworden: Eine Vielzahl von Kanälen, eine enorme Flut von Inhalten und der Fakt, dass sich jedermann heute Gehör verschaffen und ein

Publikum aufbauen kann, fordern. Gestern haben Unternehmen Inhalte aufbereitet und an ihre Zielgruppen, allen voran an die Medien, verschickt. Öffentlich war, was in der Zeitung stand. Heute liegt das **Agenda Setting** nicht mehr bei den Unternehmen allein, sie müssen mit **Monitoring** hinhören, was sich in ihrem Umfeld bewegt und welche Themen ihre Zielgruppen umtreiben.

Viele Konsumenten teilen ihre Passion zu einem Thema in Blogs, mit Bildern auf Instagram und Clips auf YouTube und Periscope. Sie sind zu **Anwendungs-Experten** geworden und berichten über Themen wie Reisen, Kochen, Mode, Laufsport oder neuste Gadgets. Nicht wenigen gelingt es eine respektable Schar an Lesern oder Fans zu versammeln und zu **Influencern** in ihrem Thema zu werden. Was im vormedialen Raum – also dem Raum zwischen Unternehmen und der breiten Öffentlichkeit via Massenmedien – läuft, muss Unternehmen interessieren. Hier können sich **Krisen** anbahnen. Hier tauschen sich **Kunden** und solche die es werden könnten aus. Hier entstehen aber auch **Themen** und Initiativen, welche für die eigene Kommunikation wertvoll und nutzbar sind.

Diese Dynamik fordert. Wie gelingt eine fokussierte Kommunikation und damit der Aufbau einer glaubwürdigen Online-Reputation mitten in diesem Online-Bienenhaus? Auch wenn Facebook eine gewisse Leichtigkeit anhaftet und ein Tweet doch nur 140 Zeichen umfasst: Damit ist es nicht getan. Kommunikation muss mehr denn je **strategisch** angegangen und bewusst, geplant und kontinuierlich umgesetzt werden. Wer Leerläufe und Widersprüche vermeiden will, kommt an einer integrierten und crossmedialen Kommunikation nicht vorbei. Schliesslich geht es darum, mit den **Ressourcen** schonend umzugehen, indem **Synergien** konsequent genutzt werden.

Das Social Web mit Stakeholdern, die sich in den neuen Kanälen austauschen und Gehör verschaffen, bringt noch eine dritte Dimension mit ins Spiel, nämlich die Vernetzung. Bringt man alle drei Dimensionen integriert, crossmedial und vernetzt zusammen, entsteht der **Kommunikationswürfel**, ein praktisches Hilfsmittel, das als Modell die Vielzahl von Themen, Tools und Kanälen in ihrem Zusammenspiel visualisiert.

Nehmen wir die drei Seiten des Würfels etwas genauer in Augenschein:

Integriert: Strukturen und Prozesse müssen greifen

Zwei Dinge haben die Kommunikation fundamental verändert: in den Online-Medien hat "PR-Sprech" nichts verloren. Erwartet werden eine allgemein **verständliche Sprache** und nachvollziehbare Inhalte die auch wirklich nützlich sind. Was **nützlich** ist, entscheiden übrigens die Empfänger: für die einen ist es reine Unterhaltung, für die anderen Information und Orientierung und für Dritte ein Wissensvorsprung, den sie erhalten. Zudem sind die Gespräche an vielen Stellen verteilt. Wenn da eine Reklamation auftaucht oder sich dort eine hektische Diskussion entspinnt ist es meist die erste **schnelle Reaktion**, welche im kritischen Fall den Ausbruch einer Krise verhindert. Das bedeutet, dass die Verantwortlichen einfachen und **direkten Zugang zu den kompetenten Mitarbeitern** im Unternehmen haben müssen.

Silodenken, wie es heute in vielen Unternehmen vorherrscht, ist hier ein Bremsblock. Wenn jede Organisationseinheit ihr eigenes Gärtchen sorgfältig pflegt und das Zusammenspiel auf das absolut Notwendige reduziert wird es schwierig schnell und fachlich fundiert Teil von Gesprächen zu sein. Die Kommunikation braucht Zugriff auf weit mehr wie Produktinformationen aus dem Marketing. Gefragt sind meist

Anwendungsfälle, **Hintergründe** und **Zusammenhänge**. Auf der Ebene der Organisation gilt es für die Aufbereitung von Content den Gegebenheiten in der Unternehmensstruktur gerecht zu werden. Gerade bei grösseren Organisationen müssen Inhalte über verschiedene Standorte und Abteilungen und zwischen Mitarbeitern mit unterschiedlichen Funktionen abgestimmt werden. Wie schon zu Zeiten der Medienarbeit müssen diese direkten Wege gebahnt und **Prozesse** eingeführt werden, damit eine Organisation im Social Web mithalten kann.

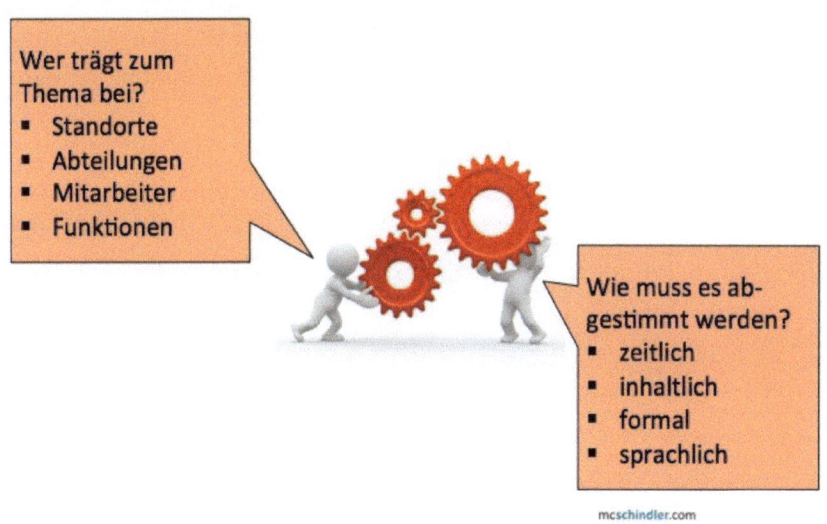

Integriert bedeutet aber auch dass Informationen für die Erstellung und Verbreitung eine zeitliche, inhaltliche, formale, aber auch sprachliche **Abstimmung** benötigen. Auch wenn viele Themen im vormedialen Raum entstehen, werden Unternehmen und Organisationen auch weiterhin Agenda Setting betreiben und Nachrichten verbreiten, ohne damit in das bisher übliche **Broadcasting** zu verfallen. Vielerorts ist im Zusammenhang mit sozialen Medien vom **Kontrollverlust** die Rede ist: In diesen Fragen muss und kann das Unternehmen jedoch das Heft in der Hand behalten.

Crossmedial: Die Kanäle verstärken sich

Die **Mediennutzung** hat sich grundlegend verändert. Gedruckte Zeitungen werden immer seltener gelesen. Pendler konsumieren News am liebsten als Kurzfutter auf mobilen Geräten auf dem Arbeitsweg. Jugendliche erreicht man über Videos und knackige Kurzbeiträge auf YouTube oder Snapchat. Die Aufmerksamkeitspanne ist mit acht Sekunden unter jene eines Goldfisches gesunken, snackable Content hat gute Chancen Abnehmer zu finden.

Jeder Mensch nutzt Medien je nach Alter, Rolle oder Tageszeit wieder ganz anders. Im Wartezimmer beim Arzt greift er zur Illustrierten, die Wartezeit im Restaurant verkürzt er sich mit Facebook oder dem Blick in die Mail, auf dem heimischen Sofa greift er zum Tablet und liest Online-Magazine oder Blogs. Illustrierte, Facebook, Mail, Blog: Jeder einzelne Kanal ist ein potentieller **Touch Point**. Unternehmen müssen sich überlegen welche Touch Points sie bespielen und wenn sie dies tun, dann muss daraus ein **Gesamtbild** entstehen, das dank crossmedialer Kommunikation über sämtliche Kanäle online wie klassisch **konsistent** ist.

Klassische Medien und Mittel wie Print, Radio, Fernsehen und Events werden weiterhin Teil des Kommunikationsmixes sein. PR-Schaffende gewichten im Rahmen der **Content-Strategie** und mit Blick auf Ziele und Zielgruppen wie sie den Mix der Kanäle gestalten. Sei es mit eigenen Medien im Sinne von **Corporate Publishing** oder mit klassischer Medienarbeit. Bereits heute ist klar, dass klassische Medien zu Gunsten der Online- und sozialen Medien an Gewicht verlieren, wie wir bereits bei den veränderten Nutzungsgewohnheiten gesehen haben. Neu ins Spiel kommen vielfältige Möglichkeiten: (Micro)Blogs mit Twitter und Corporate Blogs, Podcasts und Video. Hinzugekommen ist auch die Kommunikation in Netzwerken wie Facebook, Xing, Linkedin, Instagram, Pinterest oder auch Live-Kommunikation mit Snapchat und Periscope.

Wir haben gesehen, dass eine fachlich fundierte und verständliche Kommunikation gefragt ist. Das bedeutet, dass auch Unternehmen vermehrt **journalistisch** kommunizieren und arbeiten müssen. Sie wählen

wechselnde Formate vom Testbericht bis zum Interview oder der Reportage mit Bildstrecke. Texte müssen inszeniert werden, stellen Meinungen gegenüber oder enthalten interaktive Grafiken. Grosse Unternehmen überlegen sich, wie sie ihre Kommunikationsabteilungen nicht nur
organisatorisch, sondern auch räumlich in einem **Newsroom** zusam-
menziehen können. Neben einem Chef vom Dienst sitzen hier Spezialisten zusammen die einerseits **Themen** und anderseits **Kanäle** bespielen.
Hinzu kommen die Bildredaktion, Bewegtbild und der Sprachendienst.
Anschauliche Beispiele wie ein solcher Newsroom gestaltet werden
kann zeigen Datev und Siemens oder neuerdings auch AXA Winter-
thur.

Der Newsroom im Unternehmen ist übrigens nicht zu verwechseln
mit dem Social Media Newsroom, der das Online-Schaufenster eines
Unternehmens über seine Kommunikation und Präsenzen im Web ist.
Davos-Klosters, die Swiss oder Migros bündeln ihre Social Media- und
Online-Präsenzen auf einer Seite. So schaffen sie **Transparenz** über
alle verfügbaren Auftritte und schützen sich gegen Fake-Profile. Ein
recherchierender Blogger und Journalist wird über den Newsroom zum
offiziellen Auftritt finden.

Vernetzt: Reichweite über Menschen und Texte

Menschen sind online auf vielfältig unterwegs. Sie pflegen Beziehungen, lassen sich unterhalten oder sie suchen Informationen, Inspiration
für eigene Projekte oder Hilfe. Entscheidet sich ein Unternehmen für
den Schritt in die sozialen Medien darf das Thema **Community
Management** in der Planung nicht fehlen: Wer beantwortet Kommentare im Blog? Wer leistet Hilfe auf der Facebook-Seite? Wer beantwortet
Fragen bei Twitter? Wer regt den lebendigen Austausch in der Community an?

Nähe zu den Anspruchsgruppen bedeutet nicht primär eine passgenaue Platzierung von Botschaften sondern vielmehr, dass man sich mit ihnen austauschen kann und in den **Dialog** treten will. Dazu gehört auch die aktive Pflege mit jenen interessierten Onlinern, welche die gleichen Themen teilen: **Blogger- und Influencer-Relations** sind neu ins Portfolio der Unternehmenskommunikation hinzugekommen. Massnahmen sind beispielsweise Blogger-Treffen oder Instameets, also Veranstaltungen für einflussreiche oder sehr aktive Instagramer.

Im Social Web pflegen Unternehmen also Kontakte und bauen sich – je nach Plattform – Freunde, Fans, Follower oder Abonnenten auf. Wenn es ihnen gelingt, diese zunächst spontanen Beziehungen als Folge echten gegenseitigen Interesses auf eine stabile Basis zu stellen, die auf Verständnis und Vertrauen beruht, erhalten sie **Goodwill** und **Fürsprecher**.

Dass diese Vernetzung auch sehr stark auf der **Textebene** basiert, wird noch oft unterschätzt. Hyperlinks, Kommentare oder ein einfaches »gefällt mir« sind Zeichen von Wertschätzung, Unterstützung und Empfehlung. Sie bilden einen wesentlichen Bestandteil der Pflege von Netzwerken und einer Kommunikation, die sich am Kontext orientiert.

Unternehmen wie Daimler oder DHL Deutsche Post gehen einen Schritt weiter. Sie sind dazu übergegangen so genannte **Content Hubs** zu schaffen. Während sich bei Daimler alles um Fahrzeuge von Mercedes dreht, geht es bei der DHL um Themen rund um die Logistik. Das Besondere daran? Weder bei Daimler noch bei DHL stammen alle Beiträge aus diesen Konzernen. Mit **Social Publish** öffnen sie diesen gut vermarkteten und zugriffsstarken Auftritt für Websites und Blogs welche Beiträge zum gleichen Thema beisteuern. Diese Beiträge werden mit Bild und Teasertext in die Plattform eingebunden, von dort aber auf die Ursprungsquelle zurückverlinkt. Auf diese Weise schaffen diese Unternehmen Sichtbarkeit für andere und eine **Plattform**, die dank Quellenvielfalt mehr Glaubwürdigkeit hat. Neben regelmässigen Besuchen von Journalisten und Bloggern erhalten sie den Goodwill der verlinkten Seiten.

Aus diesen zahlreichen Facetten der Kommunikation ergibt sich ein Würfel mit den drei Dimensionen integriert, crossmedial und vernetzt. Er stellt einen Idealzustand dar und dient als **Guideline** sowohl bei der Planung und Gestaltung der Online-Kommunikation und Content-Strategie wie auch als **Checkliste** bei der **Professionalisierung** der Kanäle.

Sie wollen am Thema dran bleiben? Dann empfehle ich meinen Blog zu Online-PR. Dieser Beitrag ist ein Auszug aus dem Bestseller PR im Social Web – Das Handbuch für Kommunikationsprofis. (Marie-Christine Schindler und Tapio Killer, O'Reilly).

Marie-Christine Schindler ist Senior Consultant bei schindler.com gmbh, Ihre Agentur für Public Relations, Online-Strategie und Ausbildung.

Anti-Viralität

DER KOOL-AID-POINT ALS GEFAHR FÜR DIE
UNTERNEHMENSKOMMUNIKATION

Philippe Wampfler

Im folgenden Beitrag wird das Phänomen der Anti-Viralität definiert und psychologisch erklärt. Konkrete Hinweise geben Aufschluss darüber, wie Unternehmen dieser Gefahr begegnen können.

Der Kool-Aid-Point und seine Geschichte

Im November 1978 vergifteten sich über 900 Amerikanerinnen und Amerikaner in Guyana. Sie waren Mitglieder eines religiösen Kultes unter der Führung von Jim Jones. Beim Massensuizid tranken die Gläubigen ein vergiftetes Getränk. »To drink the Kool-Aid« hat sich in der Folge in der US-amerikanischen Umgangssprache als Wendung etabliert. Gemeint ist damit, dass jemand eine Ideologie unkritisch übernimmt – genau so, wie die Sekte ihrem Führer in den Tod gefolgt ist und das tödliche Gift als Kool-Aid getrunken hat.

Der Erfolg der Wendung ist auch mit dem Wortbestandteil »cool« zu erklären: Was angesagt oder modisch ist, führt bei vielen Menschen dazu, bei der kritischen Prüfung Milde walten zu lassen.

2014 hat die Programmiererin Kathy Sierra in einem breit gelesenen Blogpost das Vorgehen der Trolle analysiert, die sie seit den frühen 2000er-Jahren bedrohen und belästigen.

Im Essay, der auch bei Wired publiziert wurde, definiert Sierra den Begriff des »Kool-Aid-Points«:

> I now believe the most dangerous time for a woman with online visibility is the point at which others are seen to be listening, "following", "liking", "favoriting", retweeting. In other words, the point at which her readers have (in the troll's mind) "drunk the Koolaid". Apparently, that just can't be allowed.

Der Punkt markiert die Grenze zwischen positiver Aufmerksamkeit und Hass-Reaktionen, die erst dadurch provoziert werden, dass – so Sierras These – Frauen in einem männlich dominierten Raum wie dem der Informatik oder der Computergames sichtbar werden. Aus der Perspektive der Trolle ist diese Sichtbarkeit nicht verdient, sie wurde durch die Verführungskraft von »Kool-Aids« herbeigeführt. Deshalb dürfen in dieser verqueren Logik auch drastische Mittel angewendet werden, um das Image der betroffenen Frau zu beschädigen.

Psychologie der Anti-Viralität

Die psychologische Einsicht, dass nach einer Menge von positiven Reaktionen diese als unverdient angesehen werden und deshalb negatives Feedback provozieren, kann auch als Anti-Viralität bezeichnet werden. Diese muss nicht generell problematisch sein: Viele Inhalte, die sich im Netz viral verbreiten, werden in einer ersten Phase unkritisch geteilt, erst in einer Gegenbewegung wird es möglich, sie kritisch zu prüfen und gegebenenfalls PR-Manipulationen zu erkennen.

Viralität oder hohe Aufmerksamkeit setzen gewisse Vertrauensmechanismen ausser Kraft: Wie Studien von Catalina Toma gezeigt haben, entstehen Sympathie und Vertrauen in sozialen Netzwerken aus der Reduktion von Unsicherheit. Das kann mit den in der Box beschriebenen Strategien geschehen

---

Strategien zur Herstellung von Vertrauen und Sympathie im Netz

🙂 Teilen von fremden Beiträgen in der eigenen Timeline – das zeigt, dass fremde Leistungen gewürdigt werden und die eigene Sichtbarkeit geteilt wird.

🙂 Texte verfassen statt nur Bilder zu posten – Bilder wirken schnell gestellt oder gefälscht.

🙂 Lachende Profilbilder geben positive Stimmungen vor.

🙂 Interaktionen mit anderen Menschen zeigen, wie man sich eine Person vorstellen kann.

🙂 Nicht zu viele, aber auch nicht zu wenige Kontakte (bzw. »Freunde«, Follower): Wenige ist ein Zeichen für mangelnde Beliebtheit, viele eines für unkritische Kontaktaufnahme.

Bei viralen Beiträgen treten viele dieser Empfehlungen ausser Kraft: Geregelte Interaktionen, ein Netzwerk mit einer kontrollierbaren Grösse oder eine Mischung mit Beiträgen von anderen sind nicht mehr denkbar. So gehen Vertrauen und Sympathien verloren – Anti-Viralität ist nach dem Überschreiten des Kool-Aid-Points die Bemühung, eine

Person wieder auf den Boden der Realität (und damit in die Sphäre der Vertrauenswürdigkeit und Sympathie) zurückzuholen. So können diese oft rabiaten Reaktionen erklärt werden – aber auf keinen Fall entschuldigt.

Warum werden oft Frauen oft Opfer des Kool-Aid-Points?

Frauen sind von Anti-Viralität besonders betroffen. Ein Beispiel aus dem deutschsprachigen Raum ist die damals 17-jährige Naina, die sich anfangs 2015 auf Twitter darüber beklagt hat, dass sie in der Schule nichts über »Steuern, Miete oder Versicherungen« gelernt habe, aber eine Gedichtanalyse »in 4 Sprachen« schreiben könne. Ihr Tweet wurde über 10'000 Mal re-tweetet und erhielt über 20'000 Favorisierungen – führte aber schnell zu Kritik, die komplett ignorierte, dass der Tweet von einer jugendlichen Schülerin stammte und sie teilweise auch »unter der Gürtellinie« traf. Selbst die Schulleiterin der Schule, die Naina besuchte, nannte die Äusserung »dumm und fahrlässig« – eine Qualifikation, die pädagogisch geschulte Fachleute in einem Schulraum nie vornehmen würden. Offenbar hat die Aufmerksamkeit, welche der Schülerin zuteil wurde, zu völlig veränderten Wahrnehmungen und Einschätzungen geführt. Das dürfte damit zusammenhängen, dass die Sichtbarkeit von Frauen stark mit ihrem Körper verbunden ist, während Männer Aufmerksamkeit oft über ihre Meinung erlangen können.

Wie Robert Scoble in Bezug auf die Situation von Kathy Sierra angemerkt hat, führt das Überschreiten des Kool-Aid-Points dazu, dass der Körper der betroffenen Frauen kommentiert und als Ausgangspunkt für Kritik verwendet wird – weil das die traditionelle Domäne der Frau ist, die aus der Sphäre der Meinungsäusserung verbannt werden soll.

Anti-Viralität in der Unterehmenskommunikation

Kommunizieren Unternehmen im Netz, sollten sie diese Einsichten zur Kenntnis nehmen. So lange sind innerhalb des Rahmens bleiben, den ihnen die öffentliche Wahrnehmung und Einschätzung ihres Profils zuweisen, ist das Risiko klein. »Kool-Aid« beginnen Menschen erst dann zu trinken, wenn die Aufmerksamkeit steigt – eine Kampagne oder ein Produkt besonders viel Aufmerksamkeit aus Kreisen erhält, die sonst nicht zur Zielgruppe gehören. Dazu kann aber auch ausserordentlicher kommerzieller Erfolg gehören. In diesen Situationen ist damit zu rechnen, dass diese Sichtbarkeit einen Preis hat: Einige hässliche Gegenreaktionen dürften folgen, mit denen das Image des Unternehmens so korrigiert werden soll, dass es den vorherigen Erwartungen wieder entspricht.

In den meisten Fällen wird etwas Gelassenheit und eine gewisse Vorbereitung auf einen solchen Backlash ausreichen. Bei unorthodoxer oder strategisch-viraler Verbreitung von Botschaften dürfte jedoch eine vorgängige Abwägung von Nutzen und Risiko sinnvoll sein – wer innerhalb des Bereichs des Vertrauen und der Sympathie bleibt, die mit persönlicher Interaktion und einer sauberer Definition der potentiellen Kundschaft zu erreichen sind, muss sicher weniger mit Effekten der Anti-Viralität rechnen. Frauen, die sich im Rahmen der Unternehmenskommunikation in nicht traditionell weiblich wahrgenommenen Rollen profilieren, dürften besonders gefährdet sein, persönlich verletzt zu werden, wenn die Unternehmenskommunikation den »Kool-Aid-Point« überschreitet. Sie müssen sich schützen und geschützt werden.

Die Kommunikation muss in diesem Sinne authentisch bleiben, dass sie positive Bindungen von Stakeholdern an das Unternehmen nicht bedroht – indem beispielsweise Kundinnen und Kunden wahrgenommen werden, als würden sie »Kool-Aid« trinken und einem Unternehmen blind folgen. Die Inszenierungen von neuen Produkten bei Apple sind immer stärker von Gegenreaktionen in sozialen Netzwerken begleitet, die andeuten, dass bereits eine kritische Menge von Aussenstehenden Apple-Kunden als ideologisch manipuliert betrachtet. Die negativen Reaktionen fallen entsprechend heftiger aus, als man es von Menschen erwarten könnte, die schlicht ein anderes Produkt vorziehen: Apple spürt Anti-Viralität, die das Unternehmen aufgrund seines Erfolges aber wohl problemlos verkraften kann. Die Coolness bleibt vorerst erhalten, für die Kundinnen und Kunden ändert der Gegenwind nichts.

Big Data. Please mind

the gap!

Harro M. Wiersma

During one of my recent trips to Hong Kong I made use of local public transport quite a lot. While boarding the subway, a friendly automated voice would unfailingly remind me to "Please mind the gap". This got me thinking; why are we being reminded about smaller things in life and not about the larger things, the things that have greater impact?

Big Data, Business- and Customer Analytics all have a large impact on your business and strategy. In each and every management magazine we can read about the great opportunities provided by new technologies. Bigger, better, faster, cheaper! But what about the business impact? What about the pitfalls when implementing? "Please mind the gap!"

Over the last couple of years I have seen many companies enthusiastically taking the first steps toward using Big data, Business Analytics and Customer Analytics. Typically, these initiatives were started by the IT function of the company. A separate infrastructure was built up; depending on the available budget the choice was made for a homegrown or appliance based solution, and the engineers started the steep learning curve to master the hardware and software. Everybody was doing the best they could, and were having great fun at the same time.

So far, so good.

Eventually the responsible department sends out a proud message that says something like, "now we can do Big Data." Several departments quickly started building innovative use-cases which they can test on this new and fancy technology. A lot of data gets collected, aggregated and wonderful results comes out.

Everybody is happy. Or are they?

Where do the results produced by the new system end up? Are they being distributed as a PDF or some other kind of report that gets printed and filled away in some binder? Or are they not being noticed at all? This is where the "gap" starts. Not a tiny gap, like the kind we effortlessly step over boarding the subway; but a bigger one: the gap of non-integration. The gap that will halt the innovation pursued by both the business and the IT departments. The gap that will demotivate many people involved in this wonderful piece of innovation.

Take for example this team of data scientists at an insurance company, whom I met with some weeks ago. They had made some really nice, ready-to-use churn-analysis reports for their sales department. The pay-off was self-evident: the outbound call center could just pick up the phone and start calling these customers to make them a better offer to ensure they would not wander off. Unfortunately, the lists invariably got buried in the mailbox of an already overloaded team-manager. He simply didn't grasp the great value of 'just another PDF file' that was sent to him. Several customers that otherwise might have stayed, wandered off to competitors.

"What could be the better approach?" is the question one may ask.

One of the major advantages of Business and Customer Analytics, based on multi-, less- and non-structured data sources, is that by integrating the results into your existing business processes you can observe the immediate added-value of that synthesis. The steps to implement these results are comparable to the steps you are already performing in your current Data Warehouse processes. Just in the opposite direction! You feed an operational system with extra data. In the case of the example above: by integrating the churn-results into the dial-lists and the CRM system, existing customers would be able to be proactively contacted to see how they would respond to a special offer or deal. They might even stay on board!

By integrating different kinds of data in different stages of the customer's journey you can encourage the potential customer to become a paying customer, and keep them engaged through the stages of activation and commitment. Who wants to wait more than a couple of days for a price quote for insurance or a mortgage? If you bring down the response time for leads compared to your competitors, you'll have a strategic advantage. By analyzing the web traffic on your website(s) and combining that with the information a potential customer gives by filling out a form to request information, you could know upfront what products and/or services they have looked at already. If you feed that information into your CRM systems, the company representative or salesperson can start the conversation with a more complete view of the customer, their wishes and their expectations.

From Data – to Information – to Added-Value.

Several studies performed in the last year show clearly that (potential) customers expect to receive more personalized offers and information. In the case of banking and insurance products, they are even willing to pay substantial fees for personalized information about, for example, their investment portfolio. Not only to the bank that handles their investments but also for external, near-real-time and personalized information from third parties regarding their personal portfolio. Often, customers collect data themselves on various web portals or maybe even from newspapers that are from previous days. That is a lot of work for quite often already outdated information.

An online approach where several data- and news-sources are combined to provide proactive and real-time information about market conditions and changes would support customers in their decision making process. Integrate that online-approach within the customers familiar banking or insurance portal would likely make them more active and committed. If you own stocks or funds within Biotech, for example, wouldn't you want to know that an FDA approval was filed, right after it was published? Or even upfront, by doing trend-analysis on similar companies or funds?

Based on these ideas, it is possible for already successful companies to create new products and services based on the data their existing products or services generate. Not as replacement of existing products, but as added-value. Thus filling one of the gaps that a lot of customers currently experience, more information. A gap you can bridge by using better analytics and data integration! Let us help you to mind the gap!

Harro M. Wiersma M.Sc.
Founder and Data Guide
re:data – a brand by Regarding Data GmbH
www.data.re / info@data.re

re:data is a unique organization that combines breadth of coverage and depth of knowledge. we can do this because we are passionate on just one problem space – data. it is a challenging space that is the subject of an enormous amount of hype, but that is because it is a space that offers tremendous opportunities for successful adopters. our clients value our ability to cut through the hype to bring sound advice, effective implementation and support throughout the full lifecycle.

discover – develop – empower

Digitale Transformation im Commerce

Tobias Wirth

Aktuell befindet sich der Schweizer Markt für Digital Commerce in einer sehr dynamischen Phase. Der Hauptgrund für diese Entwicklung ist der Trend nach mobiler Nutzung und noch mehr Mobilität.

Immer mehr Schweizerinnen und Schweizer shoppen im Internet. Das einfache Einkaufen per Klick boomt und führt dazu, dass das Angebot an Online Shops stetig zunimmt. Aktuell beträgt der Anteil des Online Umsatzes 6.8%[1] des Detailhandelsumsatzes in der Schweiz. Ein weiteres Phänomen ist die Zunahme des Mobile Commerce. Also das Einkaufen in Online Shops via mobile Geräte wie Smartphones und Tablets oder das Bezahlen mit Smartphones oder Smartwatches an der Ladenkasse. In der Schweiz werden bereits 15.3%[2] aller Online Einkäufe über mobile Geräte ausgeführt.

Mit der steigenden Nutzung von Smartphones und Smartwatches beim Einkaufen nimmt auch das Bedürfnis der Händler wie auch der Konsumenten nach neuen digitalen Zahllösungen zu. Händler verändern den ganzen Shopping Prozess. So kann bereits heute bei Starbucks an der Kasse via Smartphone App bezahlt werden und seit neustem auch via die gleiche App der Kaffee ausgewählt, bestellt und bezahlt werden, damit der Kunde ihn dann nur noch im Starbucks Restaurant abholen muss. Bei Uber bestellt man das Taxi über die App und bezahlt dann auch gleich in der App. Damit wird ein spürbarer Mehrwert geschaffen, da die Kunden nicht mehr in einer Schlange anstehen müssen oder von überall jederzeit ein Taxi bestellen können.

In der aktuellen smama M-Commerce Studie 2015 wurden 100 Schweizer Detailhändler zu Ihrem M-Commerce Reifegrad befragt. Dabei haben viele Detailhändler ihre Absichten in neue mobile Technologien zu investieren bestätigt. So planen sie in WLAN, iBeacons und NFC zu investieren. Die Haupttreiber für diese Entwicklung im Digital Commerce sind die Einfachheit, die Personalized Omni-Channel Experience, das Cross-Border Shopping und die Verschmelzung von In-Store und Online Payment. Das heisst die Konsumenten erwarten von den Händlern einfache Shopping Prozesse welche kanalunabhängig und personalisiert funktionieren. Zudem erwarten die Kunden Zahllösungen welche global funktionieren egal ob In-Store oder Online.

Diese Entwicklungen im Bereich des Digital Commerce stellen auch Telekomunternehmen, Banken und Finanzdienstleister fest und versuchen deshalb ihre bestehenden Zahllösungen den neuen Anforderungen von Händlern und Konsumenten anzupassen oder gleich ganz neue Digital Payment Lösungen zu entwickeln. Weiter sehen auch etablierte

Technologiefirmen sowie Start-Ups das grosse Potenzial von Digital Payment. Die Fintech Industrie ist die aktuell am stärksten wachsende Start-Up Szene weltweit.

Letztes Jahr wurde die Mobile Payment Lösung von Swisscom mit dem Namen Tapit eingeführt. Dieses Jahr wurde sie bereits wieder eingestellt. Weitere Lösungen wie die P2P-Geld-Sende Lösung Paymit der UBS und die Digital Payment Lösung Twint von der Postfinance sind dazu gestossen. Auch Händler wie Migros, Manor und Starbucks haben eigene Mobile Payment Lösungen oder sogenannte Mobile Wallets lanciert. Zudem stehen die grossen Technologiefirmen wie Apple und Google mit Ihren Lösungen Apple Pay bzw. Android Pay in den Startlöchern. Die globalen Technologiefirmen setzen bei ihren Angeboten auf die NFC-Technologie und die Zahlkarten der grossen Kartenorganisationen wie MasterCard, Visa und American Express. Aktuell konnte sich jedoch global und im speziellen in der Schweiz noch keine Mobile Payment Lösung etablieren. Technisch funktionieren die Lösungen seit Jahren, doch aufgrund der teilweise proprietären Ansätze mit unterschiedlichen Technologien (NFC, Bluetooth, QR-Code) unterscheidet sich die Handhabung am POS signifikant zwischen den Lösungen. Zudem fehlt die breite Händlerakzeptanz was zu einer schlechten Customer Experience führt und die Konsumenten überfordert und diese daher noch mit der Nutzung zuwarten werden, bis sich eine Lösung durchsetzt. Ein weiteres Problem ist, dass es bei fast allen Lösungen an den effektive Kundenmehrwerten fehlt. Zudem lösen die Angebote aktuell kein Zahlproblem beim Konsumenten. Die Konsumenten können heute mit Bargeld oder mit Debit-und Kreditkarten in jedem Geschäft auf der ganzen Welt schnell und sicher bezahlen. Mit den neuen Lösungen geht dies meistens noch nicht. Es fehlt die Händlerakzeptanz global und sogar teilweise in der Schweiz, zudem sind die Lösungen in der Anwendung oft komplizierter und umständlicher als die Bezahlung mit Bargeld oder Karten.

Einzig die Lösungen von Apple und Google können in Punkto Geschwindigkeit und Einfachheit mit Karten und Bargeld mithalten. Dies aber auch nur, weil beide Lösungen im Hintergrund die etablierten Katennetzwerke von MasterCard und Visa nutzen, was eine weltweite Händlerakzeptanz ermöglicht sowie auf der bestehende NFC-Technologie am POS basieren und für die Authentisierung des Kunden auf Biometrics via Touch ID setzen. Auch im E-Commerce bzw. M-Commerce versuchen die neuen Anbieter Fuss zu fassen. Doch auch dort ist die Kreditkarte nach wie vor fest etabliert. So nutzen neue Angebote von Uber, Starbucks und SBB immer eine Kreditkarte im Hintergrund. Auch etablierte E-Wallets wie PayPal oder neue Angebote wie MasterPass/SwissWallet setzen auf die Kreditkarte.

Trotz aller Euphorie über die neuen Digital Payment Angebote wird der Konsument sein Zahlverhalten nur sehr langsam anpassen. Ein Grund dafür ist der Umstand, dass das Bezahlen viel mit Sicherheit und Vertrauen zu tun hat und eine sogenannte Low-Involvement Handlung ist, wobei ein hoher Grad an Habitualisierung vorhanden ist welcher zuerst durchbrochen werden muss. Konsumenten werden also nicht einfach von heute auf morgen neue Lösungen anwenden, da sie zuerst das Vertrauen in die neuen Lösungen gewinnen müssen und die neuen Anbieter auch einen effektiven Mehrwert schaffen müssen. Schneller geht es nur, wenn die Händler den ganzen Shopping Prozess ändern und eine attraktive Experience bieten. Das wird noch einige Jahre in Anspruch nehmen. Eines ist jedoch klar. Das Smartphone wird in den nächsten Jahren das Portemonnaie ablösen. Konsumente werden viel einfacher einkaufen und bezahlen können dank der neuen digitalen Lösungen.

Tobias Wirth ist Head Digital Products bei der Aduno Gruppe und Vorstandsmitglied bei der Swiss Mobile Association. Er verfügt über mehr als 15 Jahre Erfahrungen im Mobile- und Digital Business. So hat er beim Mobilfunkanbieter Sunrise über mehrere Jahre Mobile Services entwickelt und vermarktet, bei einem Internet Start-Up aus Dänemark gearbeitet und die letzten fünf Jahre in der Finanzindustrie in verschiedenen Positionen im Digital Product Management gearbeitet. Neben seiner Tätigkeit bei smama ist er Gastdozent an der HWZ im CAS Mobile Business sowie an der ZHAW im CAS Digital Marketing und tritt regelmässig als Referent zu den Themen Mobile Commerce und Digital Payment an verschiedenen Veranstaltungen auf.

@twirthmobilebiz

tobias.wirth@gmail.com

[1] © GfK 2015 | Online-und Versandhandelsmarkt 2014

[2] © GfK 2015 | Online-und Versandhandelsmarkt 2014

[3] Media Use Index 2014, Y&R Group Switzerland

hwzdigital.ch
Highlights

Die Studierenden führen während ihrer Weiterbildung unter www.hwzdigital.ch einen Blog, in welchem sie das Gelernte zusammenfassen und allen Interessierten zur Verfügung stellen. Auf den folgenden Seiten folgt eine Auswahl von Beiträgen des Jahres 2015. Berücksichtigt wurden die CAS Digital Leadership, CAS Mobile Business, CAS Multichannel Management, CAS Social Media Management und CAS Disruptive Technologies.

Study Tour ins Silicon Valley 2015

Ognjen Visnjic und Marcel Frick

Der erste Tag war eine erfrischende Begegnung mit Einheimischen, Fachexperten und ausgewanderten Schweizern, die dem Ruf des Silicon Valleys gefolgt sind. Aus den verschiedenen professionellen Referaten berichten Ogi und Marcel mit den wichtigsten Takeaways.

Christian Simm, CEO und Founder von Swissnex San Francisco

- Swissnex unterstützt Firmen, Startups und Universitäten mit Know-how und einem guten Netzwerk vor Ort
- Die Bay Area ist ein hochinteressantes selbstfunktionierendes Ökosystem – aber kein Paradies
- Europa hat ebenso gute Technologie, doch die Amerikaner machen besseres Marketing
- Europäer fragen „Why?" – hier heisst es „Why not?"

Chuck Darrah, Professor für Anthropologie an der San Jose State University

- Die ganze Bay Area ist „Part of the Game" – Silicon Valley ist und bleibt aber ein wichtiger Bestandteil
- Der Job ist bei Silicon Valley Angestellten der Lebensmittelpunkt
- Die Firmen engagieren immer mehr sehr junges und gut ausgebildetes Personal, welches vermehrt in der Stadt San Francisco wohnen will. Die Immobilienpreise steigen unaufhörlich, wodurch Einheimische aus der Stadt vertrieben werden
- Die Bay Area weist eine überdurchschnittlich hohe Quote an Scheidungen, Burn-outs und Depressionen aus

Stephanie Nägeli, Digital Marketing Innovation Manager bei Nestlé

- Als Global Player in der Lebensmittelbranche entschied sich Nestlé nach einer digitalen Attacke mit grossem Imageverlust (KitKat Case) sich zum führenden FMCG-Player im Social Media Bereich zu entwickeln
- Die Strategie stützt sich dabei auf die folgenden drei Hauptpfeiler: Mitarbeiter informieren und ausbilden (int. DAT5 Team); externes Scouting und Innovationen verfolgen; Kollaborationen und Zusammenarbeit mit externen Partnern

- Nestlé hat sich zum Ziel gesetzt in drei Disziplinen speziell zu reüssieren:

Edouard Lambelet, CEO und Cofounder von paper.li

- Paper.li kuratiert und filtert Nachrichten aus den sozialen Netzwerken und bereitet sie personalisiert für den User auf (They guide us thru the „noise")
- Bei der heutigen Informationsüberflutung ist der effiziente und personalisierte Filter entscheidend
- Paper.li will dem User den Informationskonsum erleichtern (Content discovery vs Search)
- Content ist das Blut der digitalen Präsenz
- Es wird sich weisen, ob Paper.li den Turnaround mit dem Umzug nach San Francisco, neuem Layout und modifiziertem Bezahlmodell schafft

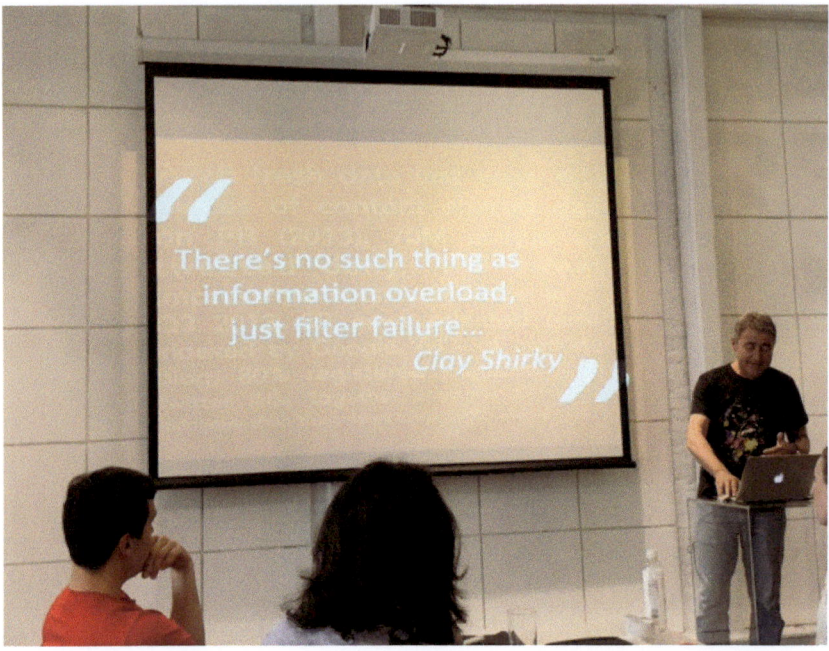

Company Visit: Capital One 360

- Das Geschäftsmodell von Capital One 360 kombiniert die Bankfiliale mit dem Coffee-Shop
- Die Filiale ist sowohl Marketinginstrument, Meeting-/Workingplace und Touchpoint mit bestehenden und potentiellen Bankkunden
- Das Beispiel zeigt, wie innerhalb einer traditionellen und unspektakulären Branche auf innovative Art und Weise neue Kundenkontakte entstehen können

Fazit

Es ist nicht alles Gold was glänzt. Silicon Valley ist nicht nur „Yeah, Awesome und Amazing" und schon gar kein Paradies. Neun von zehn Startups scheitern. Es herrscht grosser Druck und ein immenser Verdrängungskampf (jünger, besser, schneller...). Doch das Ökosystem reguliert sich von selbst und die gefallenen Blätter des Misserfolges bilden den Nährboden für neue Ideen und Innovationen.

Dieser Beitrag ist ursprünglich am 9. Juni 2015 im Blog des Center for Digital Business der HWZ erschienen (hwzdigital.ch).

5 Dinge, die du über User Experience & Club Sandwiches wissen musst

Philipp Bühler

Aus dem Unterricht des CAS Digital Leadership fasst Philipp Bühler die fünf für ihn wichtigsten Aspekte zum Thema „User Experience in a Digital Context" zusammen. Zudem erfährst du hier auch Nützliches und Unnützes über Club Sandwiches:

Beginnen wir ganz klassisch und fragen Google nach der Definition von User Experience. Das erste Suchresultat zeigt eine Anzeige an, die nicht angeklickt wird. Auf Platz zwei folgt der deutsche Wikipedia-Eintrag, der User Experience wie folgt definiert:

1. Definition User Experience

Der Begriff User Experience (Abkürzung UX) umschreibt alle Aspekte der Erfahrungen eines Nutzers / einer Nutzerin bei der Interaktion mit einem Produkt, Dienst, einer Umgebung oder Einrichtung. [...] Der Begriff „User Experience" kommt meist im Zusammenhang mit der Gestaltung von Websites oder Apps zur Anwendung, umfasst jedoch tatsächlich jegliche, auch nicht-digitale Produktinteraktion.

2. Der User steht im Mittelpunkt

Eine userzentrierte Sichtweise steht im Mittelpunkt. Die Bedürfnisse und das Verhalten der Zielgruppe müssen berücksichtigt und verstanden werden, damit ein für den User positives Erlebnis geschaffen werden kann. Fehlt die kundenzentrierte Perspektive in einem Projekt, so führt dies meist zu einer zu starken Innensicht.

User Centered Design Kreislauf Schritt für Schritt

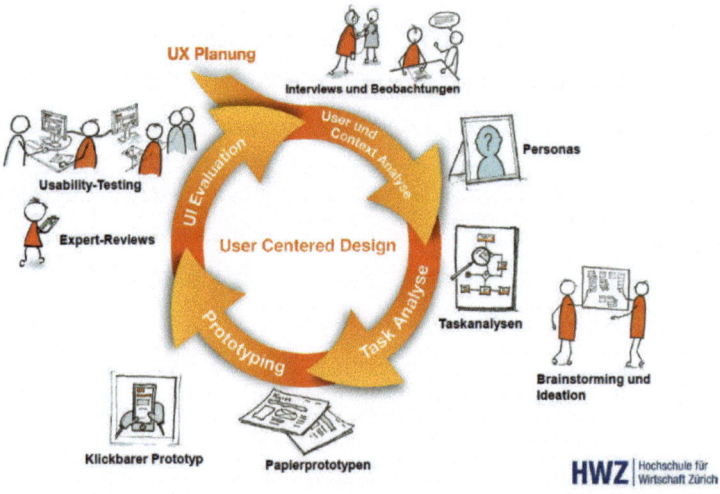

Der User Centered Design Kreislauf, wie er beispielsweise an der HWZ im CAS Mobile Business vorgestellt wurde, zeigt, wie die Zielgruppe bei User Experience in den Mittelpunkt rückt.

3. User Experience ist nie zu Ende

Wie der User Centered Design Kreislauf zeigt, ist User Experience ein Prozess der ständigen Optimierung. Auch die im CAS Digital Leadership vorgestellten sechs Pfeiler der digitalen User Experience bilden einen Kreislauf.

4. Die sechs Pfeiler der digitalen User Experience

Am Anfang steht die Strategie. Hier werden unter anderem die Projektziele und die User Needs herausgearbeitet. Um die User Needs abzubilden, eignen sich sogenannte Personas oder User Journey Maps. Als nächstes folgt der Umfang. Dabei werden User Stories und Use Cases definiert. Weiter müssen die Inhalte bestimmt und deren Produktion geregelt werden. Im Strukturteil des Projekts werden die Informations-Architektur sowie das Interaktions-Design geschaffen. Erst dann startet die eigentliche Design-Phase. Auch diese Phase ist in mehrere Teile unterteilt. Neben abstrakten Wireframes wird in dieser Phase auch ein Gestaltungskonzept erstellt, das zum Beispiel beschreibt, wie Aufmerksamkeit für bestimmte Elemente geschaffen wird. Dann erst kann die Entwicklung beginnen. Erst werden beispielsweise Prototypen oder einzelne Module erstellt, die unabhängig voneinander getestet werden können. Es empfiehlt sich, hier auf Agile-Entwicklung zu setzten. In sogenannten Sprints wird der Umfang einzelner Arbeiten festgehalten. Zum Schluss folgt die Analyse, die dem eigentlichen Testing entspricht. Auch hier können unterschiedliche Formen wie zum Beispiel A/B-

Testing, Eye-Tracking, Website Analytics oder Expert Reviews zum Einsatz kommen. Die Resultate aus der Analyse-Phase können zu Optimierungen der anderen Phasen führen. Somit beginnt der Kreislauf von neuem.

5. Was User Experience nicht ist

- User Experience hat nicht nur mit Technologie zu tun.
- User Experience hat nicht nur mit den Usern zu tun.
- User Experience ist nicht eine 1-Personen-Stelle.
- User Experience ist nicht einfach.
- User Experience ist nicht eine Disziplin.
- User Experience ist nicht Usability.
- User Experience ist nicht UI.
- User Experience ist keine Wahl.
- User Experience ist nicht teuer.
- User Experience ist nicht ein Schritt im Prozess.

Nach der leichten Kost der User Experience widme ich die folgenden Zeilen wie Eingangs versprochen dem Club Sandwich – einem Klassiker auf Room Service Speisekarten.

1. Das Original Club Sandwich besteht aus Toastbrot, Pouletbrust, Speck, Lattich, Tomaten und Mayonnaise. Natürlich gibt es heutzutage eine Vielzahl an Variationen. Immerhin finden sich auf Google 5'220'000 Rezeptvorschläge.

2. Die populärste Theorie besagt, dass das Club Sandwich 1894 im berühmten Saratoga Club-House erfunden wurde. Das Saratoga Club-House war ein Gentlemen only Gambling House, das neben dem Club Sandwich auch Geburtsstätte der Potato Chips gewesen sein soll.

3. Das erste Rezept eines Club Sandwich findet sich in Isabel Gordon Curtis Kochbuch von 1903 mit dem Namen "The Good Housekeeping Everyday Cook Book": ?"Club Sandwich – Toast a slice of bread evenly and lightly butter it. On one half put, first, a thin slice of bacon which has been broiled till dry and tender, next a slice of the white meat of either turkey or chicken. Over one half of this place a circle cut from a ripe tomato and over the other half a tender leaf of lettuce. Cover these with a generous layer of mayonnaise, and complete this delicious 'whole meal' sandwich with the remaining piece of toast."

4. Der 2013 von Hotels.com lancierte Club Sandwich Index (CSI) besagt übrigens, dass Genf die teuerste Club Sandwich Stadt der Welt ist. Durchschnittlich 30 Dollar muss ein Gast dafür bezahlen. Am anderen Ende der Rangliste liegt Delhi mit 9 Dollar. Grundlage des Club Sandwich Index bilden die Speisekarten von weltweit 840 Vier- und Fünf-Sterne Hotels.

5. Für alle FoodTuber verrät euch DJ BBQ sein Rezept für das Turkey Super Club Sandwich.

Mobile Commerce

Marc Blindenbacher

Aus dem Unterricht des CAS Mobile Business berichtet Marc Blindenbacher:

Unter dem Begriff mCommerce subsumieren wir alle Themen, welche mit dem Handel, der Bezahlung und dem Banking über Mobile Devices (Smartphone & Tablet) zu tun haben. Als elektronische Kommunikationstechnologien kommen SMS, NFC, Apps, Mobile Apps, Mobile Internet und Bluetooth zum Einsatz.

Kundinnen und Kunden kaufen vermehrt online ein. Commerce auf Mobile wird selbstverständlich. So hat sich z.b. der Anteil Bestellungen bei Leshop.ch via Mobile und Tablet gegenüber dem Vorjahr auf über 27% verdoppelt.

In-Store Shopping mit dem Smartphone

Das Smartphone wird beim In-Store Shopping vor allem zu Beginn des Kaufprozesses eingesetzt:

- **29% Inspiration, Ideen**
- 12% Evaluation, Vergleich
- 5% Kaufabschluss
- 3% nach dem Kauf, Empfehlungen schreiben
- 6% durchgehend während des Kaufprozesses
- **54% nutzen das Smartphone noch nicht im Kaufprozess**

Beim In-Store Shopping ist demnach noch ein grosses Potential vorhanden, um eine durchgehende Omnichannel-Strategie einzusetzen.

Das Einkaufen mit dem Smartphone/Tablet boomt und hat das Einkaufen über PCs und Notebooks überholt (79% Mobile /21% Desktop). Beim Einsatzbereich von Mobile Shopping geben User die folgenden Nutzungsorte an:

- 69% zu Hause
- 31% in einem Shop
- 28% in einer wartenden Situation
- 27% während der Arbeit

Nutzer und Nutzerinnen kaufen also am häufigsten zu Hause ein, z.B. vom Sofa aus.

Driving Forces – Was beeinflusst Mobile Commerce?

Die folgenden Faktoren beschleunigen Mobile Commerce und führen zu steigenden Umsätzen in diesem Bereich:

- Einfachheit & Convenience
- Omnichannel personalized experience

- Emergence of (non-)curated platforms
- Cross border shopping
- Integration of online and in-store payments
- Regulation & Standardization

Mobile Commerce Strategie

Zur Erarbeitung einer Mobile Commerce Strategie können folgende drei Ansätze gewählt werden:

Mobile eCommerce

Der bestehende Online-Verkaufskanal wird auf Mobile erweitert, Beispiel SBB.

Mobile als In-Store Extension

Kundinnen und Kunden gehen online im Shop. Das Mobile wird als zusätzliche Verkaufs- und Informationspräsenz im stationären Handel eingesetzt, Beispiel Walmart.

Mobile als Physical POS extension

Kundinnen und Kunden gehen online vor dem Shop. Das Mobile wird als Verbindungsmedium zwischen der offline-Welt und dem online-Kanal verwendet, Beispiel Paypal QR-Shopping.

Aus der strategischen Gesamtsicht sollten zudem die verschiedenen Ebenen, wie in der nachfolgenden Grafik beschrieben, erarbeitet werden.

Mobile Commerce Maturity

Unternehmensebene

Werden mCommerce-Aktivitäten nach strategischen Leitlinien realisiert? Inwieweit sind bereits die Unternehmenskultur und –Prozesse auf mCommerce-Aktivitäten ausgerichtet? Inwieweit sind bereits Systeme (IT-Architektur) vorhanden, welche mCommerce-Initiativen abbilden oder umsetzen lassen? Sind Prozesse bereits angepasst, um mCommerce-Entwicklungen zügig zu realisieren?

Kundenebene

Ist die Interaktion mit dem Kunden bereits an die mCommerce-Realität angepasst? Werden Dienstleistungen (client services) bereits auf mobilen Endgeräten angeboten? Welche Initiativen sind im Bereich der Kundeninteraktion geplant?

Angebotsebene

Wurden bereits spezifische, auf mCommerce bezogene Geschäftsmodelle realisiert? Welche Angebote (insbesondere Dienstleistungen) wurden bereits auf mobile Endgeräte konvertiert? Wird den Kunden ein «added value» über mobile devices vermittelt?

Trends im Bereich Mobile Commerce & Shopping

Die aktuellen Trends im Mobile Commerce & Shopping sehen wie folgt aus:

- Mobile Payment
- Digitale Kryptowährungen
- Wearables
- Kasse, Tablet & Smartphone verschmelzen
- Responsive Webdesign
- In-Store Mobile Payment
- Optimierte Omnichannel-Erlebnisse

- Dedizierte Shopping-App

Die wichtigsten Erfolgsfaktoren für Mobile Shopping

Remote Payment

Unter Remote Payment versteht man nicht vor Ort bezahlen, bzw. nicht vor Ort sein. Die nachfolgende Darstellung gibt eine Übersicht der verschiedenen Remote Payment Möglichkeiten.

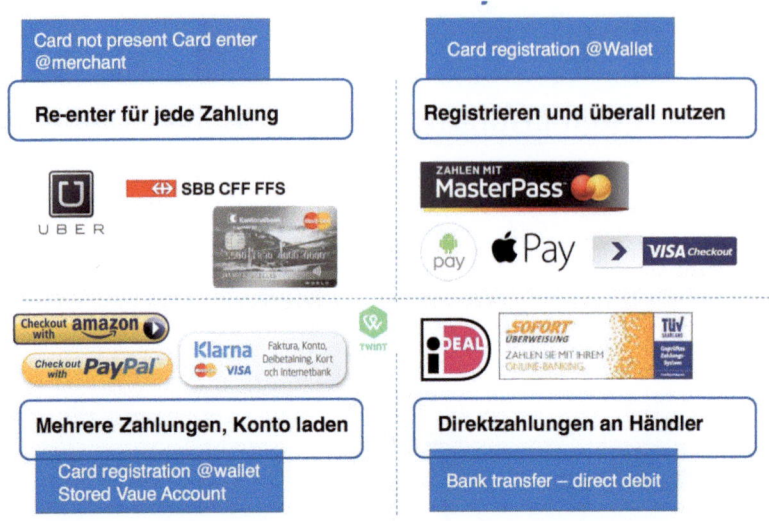

Jüngste Nachforschungen haben ergeben, dass Apple und Android Pay die höchste Conversion Rate (über 95%) im mCommerce aufweisen.

In-Store Mobile Payment

Im Gegensatz zu Remote Payment versteht man unter In-Store Mobile Payment die Bezahlung vor Ort am POS. Folgende Möglichkeiten existieren in diesem Bereich:

- Contactless NFC (via Kreditkarte oder Android Smartphone, zukünftig via Apple Pay)
- Tokenization (wird die Sicherheit und Flexibilität bei In-Store und online erhöhen)
- QR/Barcode
- Mobile Payment via Bluetooth (Beacon Technologie)

- Mobile as POS (Smartphone wird mittels Zusatzdevice zum Kassenterminal)
- Carrier Billing SMS (Bezahlung via Telefonnummer)

Zusammenfassend kann festgehalten werden, dass Mobile Commerce stark auf dem Vormarsch ist und eine entsprechende Strategie deswegen insbesondere für Retailunternehmen unabdingbar ist. Die User suchen einfache Lösungen mit einer hohen Convenience. Werden diese Anforderungen nicht erfüllt, so brechen die User den Kaufprozess ab. Mobile Payment am POS hat sich noch nicht durchgesetzt; als Technologie wird sich aller Voraussicht nach NFC durchsetzen. Apple Pay und Android Pay als integrierte Smartphone-Lösungen weisen eine sehr hohe Conversion Rate auf. Die Zukunft wird zeigen, wer die Vorherrschaft am POS für sich gewinnen wird.

Dieser Beitrag ist ursprünglich am 28. September 2015 im Blog des Center for Digital Business der HWZ erschienen (hwzdigital.ch).

Mobile Finance

Karin Mathys

Aus dem Unterricht des CAS Mobile Business mit Rino Borini berichtet
Karin Mathys:

*Mobile Finance is "The use of a mobile phone to access financial services
and execute financial transactions"* = Mobile Banking + Mobile Payment.

Mobile Banking / Big Picture

Eigentlich ist Mobile Finance nichts Neues. Bereits im Jahr 2007 – dem
Jahr, in dem Apple das Smartphone vorstellte – wurde M-Pesa in Kenia
lanciert. Auch in der Schweiz gab es bereits in den 90er Jahren erste
Digitalisierungsprojekte, welche 1999 in einem "Online-Banking"-
Boom und 2001 in ersten Anwendungen auf Mobiltelefonen resultier-
ten. Diese Entwicklung endete 2001 abrupt mit 9/11 und der Finanz-
krise. Erst 2009 kam wieder Bewegung in den Markt. 2012 stellte die
Raiffeisen die erste Mobile Banking Lösung vor. Doch im Vergleich zum
Ausland (USA, UK, Deutschland, Niederlande) war der einst so fort-
schrittliche Finanzplatz Schweiz bereits ins Hintertreffen geraten und
London wurde als *die* Fintech-Metropole angesehen.

Wie kommt es, dass die Bankenvertreter gemäss einer Studie des Instituts für Finanzdienstleistungen 2014 den digitalen Kanälen in den nächsten fünf Jahren trotzdem keine strategische Bedeutung zumessen?

Die Banken waren in den letzten Jahren sehr stark mit sich selbst beschäftigt. Eine zunehmende Regulierung, der steigende Kostendruck und alte Kernbankensysteme haben Ressourcen der Banken absorbiert. Gleichzeitig waren die Banken zu sehr auf das Lösen von alten Problemen konzentriert und haben lange nicht erkannt, dass sich die Bedürfnisse ihrer Kundinnen und Kunden geändert haben. Sie haben folglich weniger flexibel auf veränderte Rahmenbedingungen (verrückte Finanzmärkte, Generation Null-Zins) reagiert als die neuen, teils branchenfremden Herausforderer (Google, Valora, Fintech Startups). Dazu kommt, dass das angestammte Geschäft der Banken trotz Margendruck nach wie ein lukratives Geschäft ist – der Druck auf die Banken ist derzeit noch relativ gering. Zusätzlich fehlt es der eher trägen Finanzmarktaufsicht in der Schweiz an Know-how im Fintech-Bereich, wodurch Innovationen in einem Markt, der Agilität und Flexibilität verlangt, erschwert und verteuert werden.

Dennoch haben einige Banken die Zeichen der Zeit erkannt. Angeführt wird die Digitalisierung im Schweizer Bankenmarkt durch die UBS. Sie verfolgt eine konsequente Multikanalstrategie und wurde dafür 2013 mit dem "Best of Swiss Apps"-Award ausgezeichnet. Insbesondere im Geschäft mit den vermögenden, digital affinen Privatkunden scheint sich dies für die Bank auszuzahlen. Trotz hoher Kosten im Zusammenhang mit der Regulierungsthematik konnte die UBS dank "Mobile" die Margen erhöhen. Erst wenige andere Banken in der Schweiz haben verstanden, dass digitale Instrumente auch ein Kundenbindungselement sind. Massnahmen haben bspw. die Glarner Kantonalbank (Investo-mat, Online Hypothek), die CS (PFM) sowie die Basler Kantonalbank (Crowdfunding) umgesetzt.

Im Bereich Mobile Payment wurden drei Schweizer Initiativen lanciert: Paymit (UBS, ZKB, SIX), Twint (PostFinance) und Migros.

Disruption / Finance 2.0

Die Bankenindustrie sieht sich mit massiven Veränderungen konfrontiert. Disruptive Geschäftsmodelle und Technologien stellen das Selbstverständnis der Banken in Frage. Viele Bankdienstleistungen können bereits heute durch disruptive Geschäftsmodelle von (Fintech-) Startups substituiert werden, die sich konsequent auf den mobilen Kanal ausrichten.

Dabei werden nicht einfach die klassischen Bankprozesse abgelöst. Das veränderte Kundenverhalten bewirkt eine Veränderung der Finanzmärkte. Es geht längst nicht mehr nur um die Digitalisierung der Prozesse. Im Fokus stehen:

- **Demokratisierung** der Finanzindustrie
  Zahlen, Sparen, Finanzieren, Anlegen, Vorsorge/Versicherungen
- **Disintermediation** traditioneller Geschäftsmodelle
  Verzicht auf Intermediäre
- Banking gehört **allen**
  Aufbrechen der Wertschöpfungskette
- **Customer Experience**
  Kunde/Kundin und das Erlebnis ins Zentrum stellen

Dienstleister müssen ein komplett neues Kundenverständnis entwickeln, denn die "Millennials" haben ein verändertes Nutzungs- und Kommunikationsverhalten. Sie kennen das alte Geschäft nicht und erwarten personalisierte und individualisierte Dienstleistungen mit einer excellenten Customer Experience.

Die Schweiz hätte dank politischer Stabilität, der Kompetenz der Finanzbranche und gutem Tech-Know-how (u.a. ETH) durchaus das Potenzial, zur Innovationsführerin zu werden. Es fehlt jedoch der agile Regulator, der das Tempo und die Entwicklung der digitalen Entwicklung versteht. In Zukunft werden primär folgende Themen relevant sein:

- Big Data
- Kryptowährungen + Blockchain
- Vermögensverwaltung

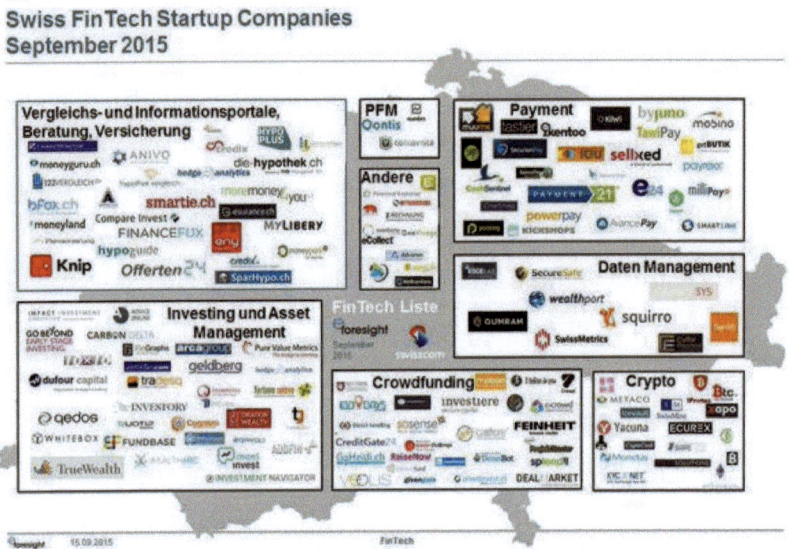

Fazit

Es findet eine Demokratisierung der Finanzbranche statt. Neue, innovative Anbieter mit teils disruptiven Geschäftsmodellen verändern die Interaktionen zwischen Finanzdienstleistern und Kunde/Kundin. Multikanaldenken, die Verknüpfung von Zusatzleistungen und Mehrwertdiensten entlang der Wertschöpfungskette sowie Transparenz und eine konsequente Fokussierung auf die User Experience werden zu zentralen Erfolgsfaktoren. Für viele Dienstleistungen wird es keine Banken mehr benötigen. Man geht davon aus, dass um die 30% der Banken verschwinden werden. Vertrauen und Sicherheit bleiben mitunter die wichtigsten Assets für erfolgreiche Banken. Finanzinstitute sollten darauf hinarbeiten, sich bei den Kundinnen und Kunden als Begleiter über alle Lebensphasen und damit auch alle Devices zu positionieren. Dazu müssen sie einen digitalen Mindset entwickeln und die Bedürfnisse der Kundinnen und Kunden nach Individualisierung und Personalisierung mit Zusatzservices und Mehrwertdiensten in den Vordergrund stellen.

Erfolgskriterien bei Multichannel Kampagnen

Jean-Claude Schmid

Aus dem Unterricht des CAS Multichannel Management berichtet Jean-Claude Schmid.

Das CAS Multichannel Management neigt sich dem Ende zu. Hinter uns liegen eine Menge Inputs betreffend Insights, Channels, Touchpoints, Hybrides, Storytelling, Channel Mapping, Channel Planning usw., welche wiederum zu einem optimierten Output in Form einer Kampagne oder anderen Massnahmen führen sollen. Daraus entsteht unweigerliche die Frage: Was sind dabei die Erfolgskriterien?

Als Vorlage dienen dabei u.a. zwei Grundsätze, welche zum einen von Tim Alexander (Swisscom) sowie Marion Marxer (marxerevolution) formuliert wurden:

Tim Alexander, Swisscom	Marion Marxer, marxerevolution
• Kampagne muss im Holistischen Ansatz geplant werden. • Den Entscheiden sollten intelligente Systeme und Prozesse bezüglich Circles vorgehen. • Personalisierte Botschaften in der Werbung und dadurch erweiterte Voraussetzungen bezüglich Firmenkultur, Knowhow und Partner. • Kunden und Mitarbeitende vermitteln als Botschafter die Markenwerte. Alignment Marke, Werbung und Erlebnis werden notwendig und lassen sich nicht mehr trennen. • Laufende Anpassung und Weiterentwicklung von Kampagnen sind notwendig. • Themen und Angebote werden zentral koordiniert und offeriert, für jeden Kanal • Kreativideen – nach Möglichkeiten Inhouse generiert – müssen Impact haben	• Idee: Jede Kampagne hat eine Grundidee und eine Mission. • Mensch: Ein konkretes Bild der Zielperson/Zielgruppe ist eine Grundlage. • Message: Eine Person fühlt sich entweder von der Marke, der Sache oder vom Unternehmen angesprochen. • Mehrwert: Jede Massnahme bringt einen kontextbezogenen Mehrwert. • Effizienz: Jede Massnahme hat eine einzigartige Rolle und spezifische Aufgabe im Kommunikationsmix. • Vernetzung: Unterscheidung der aufeinander abgestimmt Massnahmen nach Tiefe und Handlungssträngen. • Entwicklung: Jede Kampagne/Aktivität ist besser als die vorherige.

Kombiniert man nun diese bisher gewonnen Erkenntnisse und berücksichtigt dabei die Bedürfnisse betreffend der unterschiedlichen (eigenen) Rollen innerhalb einer möglichen Multichannel Kampagne, so lassen sich sich folgende Erfolgskriterien spezifizieren:

1. Auf die richtige Fragestellung (und deren Interpretation) kommt es an

Es gibt viele Wege, um bei einer Kampagne eine Idee und daraus ein Konzept zu erarbeiten. Wichtig ist jedoch, dass die Idee/das Konzept auf der "richtigen" Fragestellung beruht. Zielperson(en), Bedürfnisse, Angebot und Kommunikationsstrategie müssen bereits von Anfang an berücksichtigt werden. Ansonsten läuft die Kampagne in Gefahr, bezüglich Botschaft, Ausrichtung, Gewichtung und Storytelling am Ziel vorbeizuschiessen.

Ein mögliches Beispiel:

- Wer ist der Kunde?
- Was will/braucht der Kunde (und was will/braucht er nicht)?
- Was kann ich davon dem Kunden anbieten?
- Wie teile ich das dem Kunden mit?

2. Die Ziele und die Strategie so früh wie möglich setzen – falls nötig in Etappen

Multichannel Kampagnen benötigen im Normalfall – und je nach Umfang – eine Menge finanzielle, personelle und fachspezifische Ressourcen. Die internen Stakeholder und/oder Entscheidungsträger, welche in den meisten Fällen auch als Geld- und Resourcengeber fungieren, benötigen dazu eine ausformulierte Strategie als Entscheidungsgrundlage. In diesem Zusammenhang ist daher auch empfehlenswert, dass sich die Ziele unter Umständen auch über mehrere Zwischenschritte erreichen lassen. In den seltensten Fällen kann eine Multichannel Kampagne von Anfang an mit dem vollen Potential ausgerollt werden.

Als Grundsatz gilt:

- Was soll schlussendlich erreicht werden?
- Was ist der Nutzen für den internen Stakeholder/ Entscheidungsträger?
- Welche Etappenziele sind dazu nötig?
- Wurden dabei irrelevante Zielsetzungen ausgeklammert (z.B. Taktische Ziele aufgrund von Zielvereinbarungen bei Mitarbeitern)?

3. Die Voraussetzung für die Umsetzung schaffen

Die Anforderungen an den Projektleiter steigen bei konsequenter Anwendung der obengenannten Fragestellung, Zielsetzung und Strategie essentiel. Die Spezifikation der Circles in der nötigen Ausprägungen, das Erkennen des Potentials dieser Gruppen für das eigene Produkt, die (zielgerichtete) Formulierung der Botschaft und die Festlegung des dazu geeigneten Kanals sind dabei nur einige Beispiele.

Um dazu nötigen Bedingungen an der Umsetzung der Kampagne zu erfüllen, sind daher u.a. folgende Voraussetzung besonders wichtig, wobei es sich natürlich auch hier um einen dynamischen Prozess handelt:

- Qualitativ hochwertigen Basis an Kundendaten
- Ausgearbeitete Prozesse bezüglich der Aufnahme, Analyse und Verbesserung von Kundendaten
- Projekt Management und Kommunikationsprozesse über mehrere interne wie externe Anlaufstellen
- Ein genügend breiter Fundus an Mitarbeiter und/oder externen Anlaufstellen mit entsprechenden Fachkompetenzen
- Die Bereitschaft, Kreativität und Flexibilität, bestehende Strukturen anzupassen – auch auf höherer Entscheidungsstufe.

4. Sich den Konsequenzen bewusst sein

Die Schaffung der nötigen Voraussetzungen zur Umsetzung einer Multichannel Kampagne und der Holistischen Ansatz resultiert in neue Faktoren, welche es zu berücksichtigt gilt:

- Aufwendigere Arbeitsvorbereitung → Dafür ein für Multichannel Kampagnen nötiges strukturiertes Vorgehen
- Komplexere Budgetplanung → Dafür viel Potential für spätere Einsparungen
- Längere Umsetzungszeit → Dafür grösserer mittel- und langfristiger Nutzen
- Höherer Initialaufwand → Dafür kleinere wiederkehrender Aufwände
- Höhere Anforderungen an die Mitarbeiter/externe

Anlaufstellen bezüglich Kommunikation und Flexibilität →
Dafür wirkungsvollere Kampagnen

- Erhöhter internen Schulungsaufwand → Dafür die
  Weitergabe von Wissen sowie geteilte Verantwortlichkeiten

5. Vorteile richtig nutzen

Die unzähligen Möglichkeiten innerhalb des Multichannel-Universums, z.b. bezüglich Transmedialem Storytelling, führen zu einer Vielzahl an Varianten, welche wiederum auf vielfache Weise kombiniert werden können. Dieser entscheidende Vorteil einer Marketing Kampagne richtig zu nutzen, ist dabei durchaus eine Herausforderung:

- Das Markenerlebnis für den Kunden intensivieren
- Schaffung von wertebezogenem Content
- Die Vernetzung von Story und Kanal sinnvoll nutzen
- Die erhöhte Reaktionszeit für die stetige Optimierung des
  Markenerlebnis nutzen
- Das Markenerlebnis stetig weiterführen, u.a. die durch die
  optimierten Prozesse gewonnenen Kosteneinsparungen für
  den weiteren Ausbau nutzen

6. Die Übersicht behalten

Eine gute Methode, um auch bei einer komplexeren Kampagne den Faden nicht zu verlieren, stellt mit Sicherheit das durch Marion Marxer ausgearbeitete Vorgehen bezüglich Channel Mapping und Channel Planning dar.

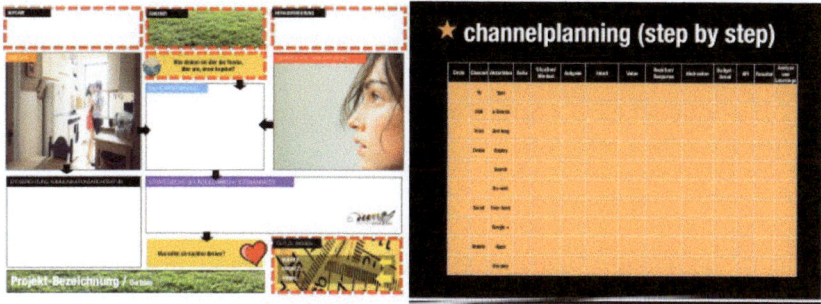

Die Vorlage ermöglicht die Erfüllung folgender für die Projektsteuerung wichtigen Aufgaben:

- Koordinationsplan anhand von Circles, Relevanz, Botschaft, Etappenziel usw.
- Konsequente Fokusierung auf die Botschaft und das Ziel
- Übergeordnete Story immer vor Augen halten (= Das Drehbuch)
- Profil für jeden Touchpoint festlegen (auch bezüglich Ressourcen- und Budgetplanung)
- Sich nicht in den Möglichkeiten verlieren (Vorgehen nach definierten Handlungssträngen)
- Kollisionsmanagement im Griff behalten (Das Markenerlebnis darf für den Kunden niemals zu penetrant werden)

7. Qualitätssicherung während der Umsetzung

Die Ziele stehen fest, die Voraussetzung ist geschaffen, das Konzept ausgearbeitet, die Planung abgeschlossen und der Koordinationsplan erstellt. Als nächster Schritt folgt nun die Umsetzung der beschlossenen Massnahmen. Von hoher Bedeuting ist dabei, dass die zuvor spezifizierten Massnahmen auch entsprechend berücksichtigt werden:

- Werden die Channels gemäss Vorgaben umgesetzt?
- Sind alle Beteiligten genügend informiert?
- Besteht die Möglichkeit, bei Umsetzungschwierigkeiten die Anlaufstellen zur Entscheidungsfindung entsprechend schnell zu aktivieren?

8. Sich nach der Umsetzung einer Kampagne mit Erfolg und Misserfolg auseinandersetzen

Niemand ist perfekt, schon gar nicht eine Multichannel Kampagne. Das sollte den Multichannel Manager jedoch nicht daran hindern, eine stetige Optimierung für zukünftige Kampagnen zu erstreben. Welche Fehler wurden gemacht, was hat sich bewährt? Wo wollte man zuviel und wo zuwenig? Wie lassen sich die Erkenntnisse bei zukünftigen Massnahmen einfliessen?

Diese und weitere Ausprägungen der Selbstreflektion ergeben dabei:

- Learnings/Lektionen werden von möglichst vielen Beteiligten kommunizieren
- Die Feedbacks werden dokumentiert und Analysiert
- KPI in die Bewertung einfliessen lassen. Dabei ist manchmal allerdings auch Mut zur These gefordert – in manchen Fällen lässt sich der Erfolg kurzfristig nicht messen.

Ich hoffe, ihr seid inzwischen in dieser Bleiwüste nicht verdurstet (Alter Schriftsetzer-Insider-Witz). Allfällige unterstützenden Grafiken zu diesem Thema hat leider der Hund gefressen – und dabei besitze ich nicht mal einen. Was wiederum beweist, in was für merkwürdigen, spannenden Zeiten wir doch leben.

Viel Spass bei der Anwendung dieser und anderer Erkenntnisse in eure eigenen Projekte.

Dieser Beitrag ist ursprünglich am 6. Juli 2015 im Blog des Center for Digital Business der HWZ erschienen (hwzdigital.ch).

Migros: Initiativen statt Kampagnen

Nadine Gloor

Aus dem Unterricht des CAS Multichannel Management mit Roman Reichelt berichtet Nadine Gloor:

Einleitung

Wer ist die Migros? Sie ist wie eine langjährige Ehe, die langsam eintönig wird. Die Leidenschaft ist schon lange Geschichte und die Ehefrau (oder der Ehemann) dreht sich bereits nach dem sexy Nachbar (Coop) um. Soll sich das orange M nun also auftakeln und trainieren, damit es wie der attraktive Nachbar aussieht? Nein – Die Me-too-Strategie ist zum Scheitern verurteilt. Deshalb kehrt sich die Migros ihren Kernwerten zu, nämlich denen, die Frau/Mann ursprünglich zur Ehe überzeugt haben. Dies sind die Herzelemente der Migros:

- Vertrauen
- Einzigartige Mehrwerte
- Liebe

Die Migros muss sich jedoch vielen Herausforderungen stellen. Erstens kommen neue Konkurrenten dazu: die Discounter. Zweitens erreichen Botschaften die Kundinnen und Kunden immer weniger – v.a. über das Kernmedium TV. Ausserdem reicht Sympathie alleine nicht (Stichwort Chocolate – ging zwar viral, doch keine Botschaft).

Insight-basiertes Content Marketing

Das Prinzip:

Marketingziele + Content der Migros + Kundeninteresse = Kern => Botschaft => MUI (**M**edien **U**nabhängige **I**dee)

Die MUI wird in ein Raster eingefügt mit den Ebenen "faszinieren oder verkaufen" und "rational oder emotional". Daraus ergibt sich die Gesamtidee und somit eine Initiative. Das Ziel der Initiativen ist es, nicht nur zu reden, sondern auch etwas zu sagen. Wie bei einem Eisberg: Die Spitze über dem Wasser ist nur ein kleiner Teil des gesamten Berges.

Beispiele von Initiativen

1. Von uns. Von hier.

Die Migros stellt 82 % Eigenmarken in der Schweiz her und schafft 41'000 Arbeitsplätze in der Industrie. Vor der Initiative wussten nur 29 %, was der Hauptunterschied zwischen der Migros und anderen Discountern ist, danach 41 %.

Massnahmen: POS, Werbung, Sponsoring, Überraschungspaket in den M-Filialen, A vs. B Tests (Zielgruppe primär Junge), T-Shirts für Mitarbeitende, Migros Magazin usw.

2. Generation M

Beispiel: Wir versprechen Sem, dass bis 2015 drei Viertel unserer Holz- und Papierprodukte nachhaltigen Richtlinien entsprechen.

> "Werbetexter kriegen Durchfall bei diesen Texten – doch das ist der Sinn: Wir wollen keine Werbung machen, sondern eine Initiative." (Roman Reichelt)

Die Migros erzählt nicht, wie gut sie ist, sondern, wie schlecht und was sie verbessern kann. Sie verspricht den Kindern, dass sie sich in verschiedensten Bereichen verbessern wird, um für eine bessere Zukunft zu sorgen. Beispielsweise stattet die Migros Fischer weltweit mit Angelruten für nachhaltigen Fischfang aus oder baut Bauernhöfe in Ungarn, um die dortige Tierhaltung zu verbessern. Es gibt eine interne Revision, welche die Versprechen überprüft und direkt veröffentlicht.

Massnahmen: POS (anstelle von Produktwerbung, z.B. bei Kleidern), online, Facebook, intern.

3. Sommer der 100 Dinge

Problem: Der Schweizer Sommer ist nicht immer ein guter Sommer (vgl. 2014). Botschaft: Egal, wie der Sommer wird, die Migros bietet alles, was man braucht. Die Migros konzentrierte sich also aufs Thema, nicht auf die Produkte (z.B. Grillfleisch stark durch Coop besetzt). Resultat:

Besser als das Wetter! Kunden haben Fotos gemacht und an die Migros zurückgespielt – ein Paar hat das gesamte Buch nachgespielt. Das muss Liebe sein!

Die Migros kreierte ein Buch "100 Dinge, die man diesen Sommer getan haben muss" – bestverkauftes Sachbuch des Jahres. Print ist nicht tot. Als das Auto erfunden wurde, sagte man auch, das Pferd sei tot. Jetzt wird es nur anders verwendet.

Massnahmen: Inserate (je nach Wetter ein anderes Sujet & Produkte), Plakate, Buch, Werbung.

Zum Schluss: Mit Substanz statt Effekthascherei gewinnt man Herzen: Nicht in Kampagnen (Marketingmassnahmen), sondern in Initiativen (Unternehmensmassnahmen) denken!

Content ist King - die Dramaturgie ist Queen

Patrick Samson

Aus dem Unterricht des CAS Social Media Management mit Alexander Gligorijevic & Joël Frey berichtet Patrick Samson:

Die Idee des Content Marketing ist alt. Der Guide Michelin wurde erstmals im Jahre 1900 in einer Auflage von 35'000 Exemplaren und zunächst ausschliesslich auf Frankreich begrenzt herausgegeben.

Gestaltet von der Touristikabteilung des Reifenherstellers Michelin war er als ein Werkstatt-Wegweiser für die weniger als 3.000 Autofahrer gedacht, die es damals in Frankreich gab. Was heute jedoch neu ist, sind all die Möglichkeiten zur Planung und Verbreitung von Content.

Content kann auch als eine Art Währung verstanden werden, welche auf den Social Media Kanälen unter anderem virtuellen Zins in Form von Reach und Attention generiert.

Um zum richtigen Zeitpunkt den relevanten Content in der richtigen Form zu veröffentlichen benötigt es einen Content Plan. Der Plan ist eine gedankliche Vorwegnahme der notwendigen Schritte um die gesteckten Ziele zu erreichen. Denn nach wir vor gilt: Grossartiger Content kann im Idealfall nicht lineare Effekte erzeugen.

Ziele

Für die Content-Planung sowie die Content Strategie lohnt es sich multiperspektivisch Ziele und Problemstellungen aus allen Organisationseinheiten mit einzubeziehen. Eine Kernfrage muss dabei stets lauten "Was kann dem Unternehmen Social Media bringen um die Wertschöpfungskette zu optimieren?"

Im Zusammenhang mit der Content Planung gibt es generell drei organisatorische Ausgangslagen:

Ausgangslage	Konsequenz
Content vorhanden	Distribution in Social Media erfolgreich.
Content vorhanden	Keine Distribution in Social Media.
Content nicht vorhanden	Content Planung und Produktion in Social Media wird sehr aufwendig oder verliert Bezug zur Organisation.

Dabei sind auf Unternehmerseite noch folgende Fragen zu beantworten:

- Geben wir jeden Tag kleine Häppchen an Content von uns?
- Entwickeln wir eine grosse Geschichte über Monate hinweg?
- Fahren wir eine sechswöchige Kampagne?
- Wie oft lancieren wir neue Themen?

Zielgruppen

Essentiell für den Erfolg der Content Planung ist zu wissen mit wem man es zu tun hat. Was genau interessiert unsere Zielgruppe? Was ist der gemeinsame Nenner des Publikums ausserhalb unseres Produktes? Was interessiert unsere Zielgruppe? Wie und wo informiert sich unsere Zielgruppe?

Entsprechend schwierig ist es, einen Social Media Auftritt für eine komplexe Organisation zu gestalten, da der kleinste gemeinsame Nenner meist das Produkt selber ist. Hier lohnt es sich zielgruppengerechten Content zu schaffen. Bei knappen Ressrourcen also auch mal den Mut zu haben nicht alle Zielgruppen erreichen zu wollen.

Idealerweise sind Content Themen die Schnittmenge von:

- den Themen der Organisation,
- den Interessen der Zielgruppen,
- dem Nachrichtenwert à Nachrichtenwert = Neuigkeitswert Informationswert

  Hat die Botschaft die Qualität zum Gesprächsstoff?

  Hund beisst Frau oder **Frau beisst Hund!**

Welche Charakteristika zeichnen einzelne Plattformen aus, auf welchen sich unsere Zielgruppen befinden:

Facebook

Content: Warum uns andere toll finden sollen

Funktion: Unterhaltung, Image

Charakter: Visuell, Emotional

Zielgruppe: Alle

Twitter

Content: Was andere interessant und nützlich finden könnten

Funktion: Nutzen, Kompetenz, Aktualität

Charakter: Text lastig, rational

Zielgruppe: Rationale, Chatty, Tech, Journalisten, B2B

Tumblr

Content: Was wir interessant finden

Funktion: Unterhaltung, Image

Charakter: Stark visuell

Zielgruppe: Hedonisten

Webseite

Content: Was wir wirklich tun

Funktion: Information, Angebot, Kontakt, Image

Charakter: Variabal

Zielgruppe: Alle

Im Idealfall ist eine Firmen Website so reich an Content, dass die Social Media Kanäle damit gut bespielt werden können. Was können Ziele, Mehrwert und Erfolgsfaktoren von Content sein?

Ziele

Marke / Organisation	Konsumenten	Kommunikation
Image, Emotionalisierung Produkt Infos.	Kundenbeziehung Insights Kundendaten	Engagement Multiplikation Earned Media

Mehrwert

Information	Unterhaltung	Soziale Vernetzung
Produkte Infos Nutzwert Info	Spass Ablenkung Entspannung	Kontakte Austausch Bestätigung Identifikation

Erfolgsfaktoren

Medien	Marke	Redaktion
Content passend zu Medium? Inhalt Dramaturgie Formale Aspekte	Content passend zur Marke?	Redaktionelle Unabhängigkeit Glaubwürdigkeit

Content Strategie

Die Content-Strategie ist die Basis für die Content-Planung. Die Strategie legt fest, mit welchen Mitteln und Ressourcen die Organisation seine Ziele erreichen will. Hierbei gilt es unter anderem folgende Fragen zu beantworten:

An welcher Stelle im Geschäftsmodell generiert die Nutzung eines Social Media Kanals einen Mehrwert für das Unternehmen? Welche Rolle und Funktion übernimmt der Social Media Content in unserer

Gesamtkommunikation? Wie spielen unsere restlichen Kanäle und Inhalte mit Social Media zusammen? Bei diesen Überlegungen muss der Content im Zentrum stehen; Social Media ist dann sozusagen lediglich die Peripherie.

Zielkonflikte, welche durch die jeweiligen Rollen in der Organisation entstehen, können die Umsetzung der Content Strategie erschweren. **Denn...**

- Die Marketingkommunikation gibt das Versprechen.
- Die Corporate Communications sorgt sich um die Reputation.
- Der Kundendienst kümmert sich um Probleme der Kunden.
- Der Brand Manger hat planerische & strategische Fähigkeiten.
- Der Brand Manager denkt mittel- & langfristig.

Da Markenführung heute in Echtzeit geschieht sind viele Unternehmen mit ihren funktional hierarchischen Organisation oft nicht schnell genug um die Content Strategie zeitnah umzusetzen. Heterarchische Netze würden die Umsetzung allenfalls effizienter und effektiver unterstützen. KMU's haben hier einen gewissen Vorteil, da Funktion und Person meist näher zusammen liegen.

Story

Ein Unternehmen muss seine Botschaften in spannende Geschichten packen. Ein guter Plot einer Story funktioniert immer. Christopher Booker hat in seinem Buch "The seven Basic Plots" die wichtigsten Stadien einer guten Story zusammengefasst:

- Anticipation Stage: call to adventure.
- Dream Stage: heroine or hero experiences some initial success.

- Frustration Stage: Confrontation with the real enemy. Things go wrong.
- Nightmare Stage: At the point of maximum dramatic tension, disaster has erupted and it seems all hope is lost.

Resolution: hero is eventually victorious, and may also be united or reunited with their 'other half' (a romantic partner).

Medienart und Kosten

Je nachdem welche Kommunikationsmittel eingesetzt werden, können Kosten und Emotionalisierung linear steigen. Die Dialogfähigkeit ist bei sämtlichen Medienarten gewährleistet. Hinsichtlich Reaktionszeit benötigen Video und Bild die grösste Vorlaufzeit. Texte und Audio-Sequenzen sind hingegen schnell bis sehr schnell erstellt.

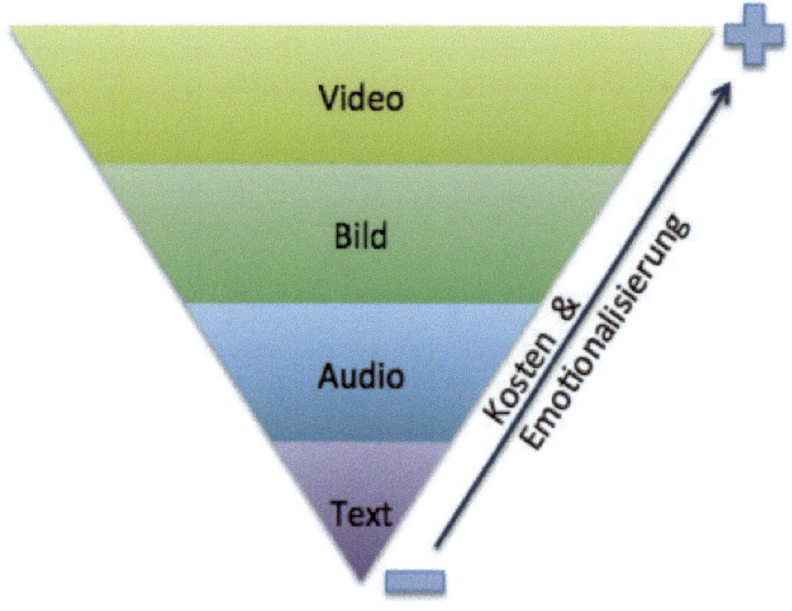

Durch die Linse...

- Ziele im Auge behalten
- Kreativ sein, nicht von anderen kopieren.
- Frühzeitig planen
- Prozesse / Organisationsstrukturen beachten.
- In verschiedenen Szenarien planen.
- Relevante Informationsquellen finden und diese pflegen.
- Vorgehen immer wieder evaluieren.
- Markenprofil muss mit Tonalität übereinstimmen.
- Kontinuierlicher Verbesserungsprozess – aus Fehlern lernen.

– THE END OF THE CONTENT –

Dieser Beitrag ist ursprünglich am 16. Januar 2015 im Blog des Center for Digital Business der HWZ erschienen (hwzdigital.ch).

One Social Network to

rule them all?

Thomas Maeder

Aus dem Unterricht des CAS Social Media Management mit Moritz Zumbühl berichtet Thomas Maeder:

Hat's neben Facebook noch Platz für andere Social Networks oder Communities? Wann macht der Aufbau von einem/-r eignen Social Network/Online Community Sinn – und wie geht man dabei vor? Moritz Zumbühl, geboren an der Grenze zum Digital-Native ;-), gab uns hierzu heute spannende Gedanken mit auf den Weg.

Social Networks und Online Communities kommen und gehen. Dies zeigt zumindest die Wikipedia list of social networking sites, der schon ein bisschen ältere Artikel Social Network Sites: Definition, History, and Scholarship von D.M. Boyd und N.B. Ellison oder auch das Conversation Prism von B. Solis.

Leider ist es nicht vorhersehbar, welche Plattformen diejenigen sind, die langfristig "überleben". Auch wenn es aus heutiger Sicht fast undenkbar ist, gibt es keine Garantie, dass z.B. Facebook auch im Jahr 2020 noch so dominant wie heute sein wird. Wie dem auch sei. Es gibt auf jeden Fall gute Gründe für den Aufbau von eigenen, eigenständigen Networks/ Communities. Aber Vorsicht: Der Aufwand hierfür ist nicht zu unterschätzen, und es braucht nebst einer durchdachten Strategie vor allem einen "langen Atem" – sprich Ressourcen für mehrere Iterationen. Bis sich eine Plattform wirklich durchgesetzt hat, dauert es i.d.R. mehrere Jahre. Dies zeigt die Entstehungsgeschichte von allen heutigen, erfolgreichen Social Networks/Online Communities.

Wieso sollte ich ein eigenes Netzwerk / eine eigene Community aufbauen? Was ist der Nutzen?

Social Networks/Online Communities vernetzen Menschen digital. Mit einem eigenen Netzwerk schafft man die Möglichkeit, eine Langzeitbeziehung zu und innerhalb einer spezifischen Zielgruppe zu schaffen. Netzwerke/Communities sind i.d.R. sehr nahe am Leben der Zielgruppe. Es entsteht ein konstanter, relevanter Dialog und Austausch. Die Community-Aktivitäten der Nutzerinnen und Nutzer wiederum hinterlassen wertvolle Spuren in Form von Daten. Diese Informationen können z.B. für die Weiterentwicklung der Plattform selber oder für die Bereitstellung von spezifischen, personalisierten Funktionen, Produkten, Dienstleistungen oder von Content etc. genutzt werden.

Ein erfolgreiches eigenes Netzwerk kann somit verschiedenste Nutzenpotenziale erschliessen, von der Gewinnung von Business Insights, der Prozessoptimierung oder Crowdsourcing bis hin zur Grundlage für ein eigenes, neues Business Model.

3 Tipps für den Aufbau eines eigenständigen Netzwerks / einer eigenständigen Community

1. Ohne überzeugenden USP geht's schief

Mittlerweile gibt es die verschiedensten etablierten Social Networks/ Online Communities; v.a. allgemeine, sogenannte "general purpose"- Netzwerke wie Facebook oder LinkedIn. Ein neues, eigenes Netzwerk braucht also eine klare Differenzierung, einen USP, indem z.B. eine Nische im Sinne einer spezifischen Zielgruppe mit einem spezifischen Bedürfnis adressiert wird.

2. Fail fast, fail often

Es ist unmöglich, beim Aufbau einer eigenständigen neuen Community gleich von Beginn weg alles richtig zu machen. Fehler sind erlaubt und erwünscht. Wichtig sind deshalb Iterationen, also kontinuierliche Verbesserungen der Plattform aufgrund der Aktivitäten und des Feedbacks der Nutzerinnen und Nutzer, sowie bereits erwähnt ein genügend langer Atem.

3. Maximale Aufmerksamkeit erzeugen

Netzwerke/Communities leben vom Netzwerk-Effekt. Es braucht also rasch eine angemessene Anzahl Nutzerinnen und Nutzer, um die kritische Masse bzw. Nutzungsintensität zu erreichen. Hierzu ist es unerlässlich, alle möglichen Marketingaktivitäten (gleichzeitig) zu initiieren, um bei der entsprechenden Zielgruppe die nötige Aufmerksamkeit zu erzeugen und die aktive Partizipation im Netzwerk zu erwirken. Dazu eigen sich durchaus auch eher klassische Mittel wie E-Mail-Marketing, technische Lösungen wie z.B. die Nutzung des Facebook-Login, um die Einstiegshürden zu senken, sowie modernere Ansätze wie etwa Gamification.

Vielfältige Chancen und Möglichkeiten

Persönlich sehe ich vor allem noch ein grosses Potenzial für eigne Social Networks/Online Communities im B2C- und B2E-Bereich. Ein Unternehmen im B2C-Bereich kann z.b. eine Kundencommunity aufbauen, in welcher sich Kundinnen und Kunden gegenseitig helfen oder wo sie sich aktiv bei der Produktentwicklung einbringen können. Im B2E gibt es vor allem bei grösseren Unternehmen noch ein riesiges Potenzial, Mitarbeitende, welche sich für ein spezifisches Fachthema interessieren, in Communities zu vernetzen und so auch schrittweise ein Enterprise Social Network zu etablieren.

Technisch sind die Hürden mittlerweile relativ tief. Es gibt sowohl fixfertige Open-Source-Lösungen wie auch kommerzielle Software für den Aufbau von Social Networks/Online Communities. Innert kürzester Zeit ist so eine neue Plattform bereit – aber eben, dann fängt die (Community-)Arbeit erst richtig an.

Dieser Beitrag ist ursprünglich am 20. Oktober 2015 im Blog des Center for Digital Business der HWZ erschienen (hwzdigital.ch).

Crowdsourcing: The Power of Crowds

Jan Lässig

Aus dem Unterricht des CAS Disruptive Technologies mit Adrian Gerber berichtet Jan Lässig:

Adrian Gerber, CEO & Partner der Firma Atizo 360°, die Unternehmen Beratung sowie Plattformen und Tools im Bereich Innovation anbietet, führte uns in das Thema Crowdsourcing ein.

Was ist Crowdsourcing?

Auch wenn der Begriff Crowdsourcing (als Kombination von *crowd* und *outsourcing*) erst im Juni 2006 durch Jeff Howe im Wired Magazine zum ersten Mal verwendet wurde, ist Crowdsourcing kein neues Phänomen. Die vielleicht berühmteste und wahrscheinlich auch immer noch grösste Crowdsourcing-Plattform ist Wikipedia, die bereits im Januar 2001 gestartet wurde und derzeit fast fünf Millionen englischsprachige Artikel umfasst. Anfänglich noch belächelt und als unzuverlässig abgestempelt, ist Wikipedia heute für viele – wenn nicht die Meisten – erste Anlaufstelle für die Informationsbeschaffung zu einem beliebigen Thema.

Doch man kann das Crowdsourcing noch weiter zurückverfolgen, denn auch die in den 80er-Jahren des 20. Jahrhunderts aufgekommenen Verkehrsstaumeldungen durch Betroffene sind eine Form von Crowdsourcing.

Es begann mit einem Ochsen

Letztlich geht die Überzeugung, dass die Masse eine bestimmte, klar definierte Aufgabe besser lösen kann als Einzelne (selbst wenn es sich dabei um Experten handelt) auf ein Experiment des britischen Wissenschaftlers Francis Galton im Jahr 1906 zurück, der das Gewicht eines Ochsen von der Masse schätzen liess und ein präziseres Resultat erhielt als es die Experten zu geben vermochten.

Begünstigt wurde der Erfolg des Crowdsourcings in jüngerer Zeit durch die rasante technische Entwicklung des Internets, speziell durch das Web 2.0 und die Einführung und Verbreitung sozialer Netzwerke. Gerade für die Generation der Digital Natives ist es selbstverständlich geworden, Informationen nicht nur zu erhalten, sondern selbst auch Informationen unentgeltlich mit anderen zu teilen. Wikipedia ist nur möglich, weil viele Freiwillige als Autorinnen, Editoren und Korrektorinnen ihren Beitrag leisten.

Das externe Wissen nutzen

Crowdsourcing kann aber auch von Firmen verwendet werden. Dabei wird die Lösung einer klar definierten Aufgabe nicht bestimmten internen oder externen Mitarbeitenden gegeben, sondern an eine grosse, unbestimmte Gruppe von möglichst unterschiedlichen Leuten „outsourced". Viele Unternehmen begegnen diesem Vorgehen noch mit Skepsis, da sie einen Kontrollverlust befürchten. Doch diese Angst ist unberechtigt, und der Vorteil liegt insofern auf der Hand, als dass ausserhalb der Firma immer mehr Wissen liegen wird als innerhalb und dieses durch Crowdsourcing nutzbar gemacht werden kann.

Die wichtigsten Bereiche, in denen heute Crowdsourcing zur Anwendung kommt, sind die folgenden:

- Crowdfunding / Crowd Investing (Finanzierung von bzw. Investition in Geschäftsideen; Bsp.: kickstarter)
- Open Innovation (Finden von Ideen zur Lösung eines bestimmten Problems; Bsp.: atizo)
- Collective Creativity (Lösung kreativer Aufgaben, z.B. im Bereich Design; Bsp.: 99designs)
- Cloud Labor (Finden einer skalierbaren Menge von on-demand-Arbeitskräften, um bestimmte Arbeiten zu erledigen; Bsp.: Amazon Mechanical Turk)
- Distributed Knowledge / Collective Knowledge (Informationen sammeln und organisieren; Bsp.: Wikipedia)

Die Anzahl verschiedener Anbieter und Plattformen gleicht einem Dschungel:

Crowdsourcing kann in mehreren Bereichen für eine Firma Mehrwert generieren:

- Communications & PR (positives, innovatives Image gegen aussen)
- HR & Employer Branding (lockt talentierte Mitarbeitende an)
- Marketing & Market Research (hilft, Markttrends besser zu erkennen und Opportunitäten zu entdecken)
- R&D & Design (hilft, neue Produkte zu entwickeln und zu gestalten)

Zudem können möglicherweise Prozesse optimiert, Risiken minimiert und Kosten eingespart werden.

Open Innovation: der Schlüssel zum Erfolg?

Im Zuge sich immer beschleunigender Entwicklungen, vorwiegend in der Technologie, ist für Firmen vor allem Open Innovation von grosser Bedeutung.

Den Beweis für den wirtschaftlichen Erfolg von Open Innovation liefert Procter & Gamble. Seit der Einführung 2009 hat die Firma nicht nur die Innovationskosten halbiert, sondern auch die Anzahl erfolgreicher Projekte verdreifacht.

Damit Open Innovation gut funktionieren kann, benötigt eine Firma nach wie vor eine klare Strategie und klare Strukturen. Es braucht aber auch eine offene, auf Motivation und Vertrauen basierende Kultur und eine offene Kommunikation – sowohl innerhalb des Betriebs als auch in der Zusammenarbeit mit der Crowd. Das Unternehmen wird sozusagen durchlässig, indem es Wissen von aussen aufnimmt und nach aussen abgibt und Lösungen gemeinsam mit Partnern umsetzt, statt alles alleine zu machen. Wichtig ist auch, den Innovationsprozess iterativ zu gestalten. Es muss erlaubt sein, Phasen im Prozess zu überspringen und zu wiederholen.

Wenn eine Firma neu in die Open Innovation einsteigt, empfiehlt es sich, kleine Schritte zu machen und mit kleineren Projekten zu beginnen.

Onion Rings, Vanilla Coke und Brathähnchen

Doch selbst, wenn eine Firma die Crowd nicht in die Innovation einbezieht – sie kann die Macht der Crowd trotzdem spüren. So wurden in der Schweiz auf Begehren der Crowd die Onion Rings, die Zweifel zuvor vom Markt genommen hatte, wieder eingeführt. Dasselbe geschah mit dem Vanilla Coke von Coca Cola.

Dass schlecht verstandene bzw. durchgeführte Open Innovation auch nach hinten losgehen kann, zeigt das Beispiel der Firma Henkel, die für das Abwaschmittel Pril einen Wettbewerb zur Einführung eines neuen Geschmacks lancierte. Sieger wurde der „Brathähnchengeschmack", der dann aber nie eingeführt wurde. Eine interne Jury setzte sich über den Wunsch der Masse hinweg. Hätte Henkel zunächst bei der Crowd nur Vorschläge gesammelt, dann intern validiert und die ausgewählten Vorschläge wieder öffentlich zur Abstimmung gebracht, hätte die Kampagne ein Erfolg werden können. Fehler im Vorgehen hätten verhindert werden können, wenn zum richtigen Zeitpunkt Open-Innovation-Experten von aussen hinzugezogen worden wären.

Doch es gibt auch gute Beispiele, so etwa Migipedia der Migros. Die mit Hilfe von Kundinnen und Kunden entwickelten Produkte sind im Schnitt sehr erfolgreich, wie das überraschende Beispiel der „Döner Büx", deren grosser Erfolg doch eher überraschend war. Dies zeigt aber, dass der Einbezug der Crowd nicht nur Entwicklungskosten sparen kann, sondern auch blinde Flecke aufzuzeigen vermag.

Doch wie sieht der Ablauf eines Open-Innovation-Projektes konkret aus?

Zunächst wird eine Frage ausgearbeitet. Mit Hilfe verschiedener Teilnehmenden mit möglichst grosser Diversität – Kundinnen, Mitarbeitende, Lieferanten, Partnerunternehmen, Expertinnen (Universitäten, Fachhochschulen) und sogar Konkurrenten – wird ein Brainstorming durchgeführt. Danach werden die Ideen verdichtet. Bei der Evaluation muss die Zielgruppe eingegrenzt werden. Mit ihnen muss die Idee bzw. das Konzept quantitativ und qualitativ bewertet werden.

Ein hervorragendes Beispiel für die erfolgreiche Durchführung dieses Prozesses sind die neuen Produktelinien von Rivella. Die mithilfe der Kundinnen und Kunden konzipierten neuen Frucht-Sorten stiessen bei den Grossverteilern zunächst auf Skepsis, doch der Erfolg gab der Vorgehensweise Recht. Die Verteiler mussten die Produkte aufgrund der Nachfrage in den Geschäften an immer bessere Verkaufspositionen setzen.

Fazit

Richtig eingesetztes und durchgeführtes Crowdsourcing – vor allem Open Innovation – kann für Firmen zur Erfolgsgeschichte werden. Adrian Gerber hat uns zum Abschluss seiner Einführung folgende 7 Gedanken mit auf den Weg gegeben:

1. Das „stille Kämmerlein" ist definitiv passé
2. Es gibt viele smarte Menschen, die Sie unterstützen wollen
3. Innovation beginnt mit einer Frage, nicht mit einer Idee
4. Betriebsblindheit ist für Innovation nicht förderlich
5. Die beste Idee entsteht oft aus mehreren guten Ideen
6. Je früher der Kunde/die Kundin involviert ist, desto geringer das Flop-Risiko
7. Ideen werden erst mit deren Umsetzung wertvoll

Besten Dank, Adrian, für die spannende Einführung!

Links

crowdsourcing.org

Video „Crowdsourcing and Crowdfunding Explained" (crowdsourcing.org)

Board of Innovation: Intermediary Platforms

Bücher

Surowiecki, James: The Wisdom of Crowds

Lindegaard, Stefan: Making Open Innovation Work

Dieser Beitrag ist ursprünglich am 27. Oktober 2015 im Blog des Center for Digital Business der HWZ erschienen (hwzdigital.ch).

Drohnen – Spielerei oder wirklich the Next Big Thing?

Anna Sutter und Peter Staub

Yannick Mischler (Technologie & Innovation) und Andrea Marrazzo (Informationsmanagement & Technologie) nahmen uns dieses Mal mit in die Welt der Post im Rahmen unseres CAS Disruptive Technologies. Anna Sutter und Peter Staub berichten:

Was, disruptiv? Die Post?

Ja, denn was fast keiner weiss: Bei der Post arbeiten gut 60 Personen im Bereich disruptive Innovation – also weit mehr, als man denken würde.

Damit wir alle das Thema mit demselben Verständnis angehen konnten, wurden erst einmal Erwartungshaltungen abgeklärt und Definitionen aufgestellt – z.B. darüber, was überhaupt eine Drohne ist.

Was sind Drohnen und was macht die Drohnen disruptiv?

Drohnen sind so genannte unbemannte Flugobjekte (englisch: UAV von unmanned arial vehicle) – nicht zu verwechseln mit den gefürchteten UFOs (unbekannte Flugobjekte). Drohnen können sowohl autonom als auch von Menschenhand gesteuert werden. Mehr zum Thema findet ihr hier.

Eine Drohne ist nicht per se disruptiv, verschiedene **Usecases und Einsatzgebiete** können sie aber dazu machen. Beispiele wären:

- Eine Drohne ist „on demand" und benötigt keine klassische Infrastruktur wie Strassen etc. Sie kann theoretisch überall hinfliegen und ist dann da, wenn man sie braucht. Sie könnte so bspw. als Helikopterersatz eingesetzt werden
- Drohnen können B2B eingesetzt werden, bspw. für den Transport zwischen verschiedenen Lagern. Dies birgt Potenzial zur Effizienzsteigerung
- Peer to peer delivery hätte sehr grosses Potenzial, ist aber in den nächsten fünf Jahren unrealistisch (rechtliche, technische und Usability-Gründe)
- B2C-Modell: Drohnen liefern an bestimmte Hubs und der Kunde bzw. die Kundin kann die Lieferung dann dort abholen

Aber Achtung, Drohnen haben auch **"natürliche" Feinde:**

- Flugzeuge
- Helikopter

- Wind
- Regen
- Temperaturunterschiede
- Seehöhenveränderungen

Die Post und ihre Drohnen

Ein naheliegendes Einsatzfeld von Drohnen bei der Post ist Transport und Logistik, also auch die Paketzustellung. Genau aus diesem Grund wurde das Projekt Phönix ins Leben gerufen.

Kleine Entwarnung vorneweg: Der Pöstler wird nicht komplett durch Drohnen ersetzt, das würde sich beim Liefervolumen der Post nie lohnen (zu viele Drohnen im Luftraum).

Projekt Phönix

Erste Testflüge wurden im Freiburger Seeland (2015) mit einer Quadrocopter-Drohne geflogen, die ein kleines Paket über eine kurze Distanz und einer maximalen Flughöhe von 150 m transportierte. Entgegen aller Erwartungen reagierte die Öffentlichkeit erstaunlich positiv auf das Vorhaben. Das Projekt fand sogar weltweit in den Medien große Beachtung (zum Vergleich: Amazon und ihre Drohnen).

Damit so ein Test überhaupt durchgeführt werden kann, müssen natürlich einige **rechtliche Rahmenbedingungen** beachtet werden:

- NOTAM (Gefahrenzone für Luftverkehr)
- Flüge nur bis fünf Personen/Hektar
- Jeder Flug muss dem BAZL gemeldet und freigegeben werden
- Max. Flughöhe 150 m

- Jede Drohne muss BAZL-zertifiziert werden (GALLO)

Übrigens: Die Post war schweizweit die erste Organisation, die Drohnen ausserhalb der Sichtdistanz (300 m) fliegen liess. Natürlich musste hier vorab eine Genehmigung eingeholt werden. Die Drohne musste im Übrigen versichert werden (1 Mio.). Derzeit ist es leider noch nicht möglich, sie gegen Luftcrashs zu versichern (wir erinnern uns: Einer der größten Feinde von Drohnen sind andere Flugobjekte). Erwähnenswert ist auch, dass es in der Schweiz wesentlich leichter ist als in den USA, eine Bewilligung für einen Testflug zu bekommen.

Testdrohnen Eckdaten:

- Quadrocopter
- Gewicht: 700 g bis max. 30 kg
- Reichweite: 10 km
- Traglast: 1 kg
- Geschwindigkeit: 40km/h (Quadrocopter sind nicht besonders aerodynamisch, deshalb sind keine höheren Geschwindigkeiten möglich)

Wie wurde der Flug geplant?

- Steuerung über eine App
- App kommuniziert über Cloud, Cloud gibt Befehl an Drohne; Drohne ist mit Sim ausgestattet
- Route wird über das App getrackt
- Momentan ist immer Internetverbindung nötig (wegen Navi). EDGE reicht; sollte die Verbindung abbrechen, kann die Drohne trotzdem landen

- BLOS-Flight: Flug ausserhalb Sichtweite (braucht Bewilligung vom BAZL; 70-seitiges Dokument)

Hinweis: Drohnen veralten sehr schnell, deshalb macht es Sinn, sich Testobjekte zu leasen (Drone as a service). Hier ist man mit 2'000 CHF / Monat dabei.

Fazit des Tests:

- Aktuell sind Tragleistung und Geschwindigkeit noch limitiert, dies wird sich aller Wahrscheinlichkeit nach in den nächsten Jahren verändern. Da aber 80 % aller Pakete, die in der Schweiz transportiert werden, leichter sind als 2 kg, ist die Tragleistung nicht der wesentlichste Faktor
- Drohnen sind 70 DB laut (zum Vergleich: Ein Presslufthammer schafft zwischen 80 und 100 Dezibel). Dies wird ebenfalls ständig verbessert
- Sinnvoll ist das Drohnenprojekt für die Post nur, wenn es am Ende des Tages auch Geld einbringt

Wie geht es weiter?

- Tests mit Partnern
- Evaluierung von Technologieherstellern
- Aktive Beteiligung und Weiterentwicklung von Regulatorien
- Aktuell verändert sich die Nutzlast der Drohne mit jeden 100 g, die zusätzlich hinzugefügt werden. Dieses Problem muss gelöst werden
- Momentan ist es sehr herstellerbezogen, wie Drohnen

untereinander "kommunizieren". Auch hierfür muss eine Lösung gefunden werden (Swisscom?)

Mögliche Einsatzgebiete für die Post

- Sensing (Inspektionen von Infrastrukturanlagen wie Stromleitungen etc.); Drohnen mit Messgeräten upgedatet; Start Up: sense fly (EPFL), cyber walk (EPFL)
- Entertainment (Drohne für den Privatgebrauch oder die Filmindustrie)
- Transport & Logistik
- Überwachung (Wärmebildkameras etc.)

Und nun: Do it yourself!

Nach diesem spannenden Einblick in das Post-Projekt lag es nun an uns, ebenfalls einen Businesscase zum Thema Drohnen zu erarbeiten.

Überlegungen:

- Wo könnten Drohnen eingesetzt werden?
- Was wäre sinnvoll?

Brainstorming Klasse:

Für den **Businesscase** beleuchteten wir das Thema im Hinblick auf folgende Punkte:

- Welche Geschäftsmodelle machen Sinn (Pizzalieferungen, Medikamente, permanente Verbindung von Waren-/Lagerhäusern)?
- Wie kann man dem Kunden bzw. der Kundin die Drohne zur Verfügung stellen?
- Wie können die Kosten pro Flug optimiert werden?
- Was könnten Erfolgsfaktoren sein?

Resultat:

Drone as a Service (drone@mobility), in den verschiedensten Ausprägungen – vom zumietbaren Microdrone-Bestäubungs-Schwarm hin zu Bergdrohnen war alles dabei!

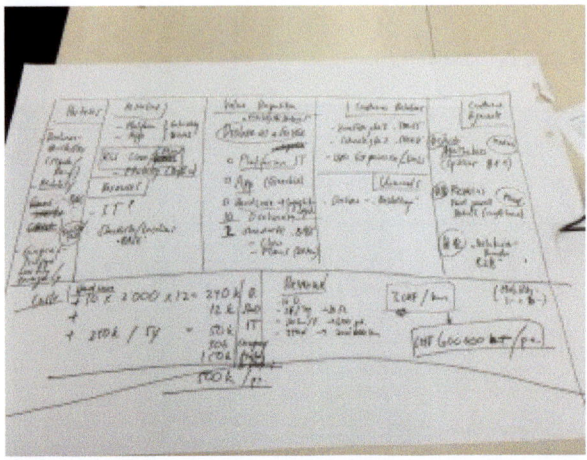

Auch wenn das Thema Drohnen oft als Spielerei abgetan wird und vieles noch getestet und erforscht werden muss, so sollte man es nicht aus den Augen lassen. Hier kann sich innerhalb kürzester Zeit sehr viel bewegen.

Vielen Dank Yannick und Andrea für diesen spannenden Kurstag!

Dieser Beitrag ist ursprünglich am 5. Oktober 2015 im Blog des Center for Digital Business der HWZ erschienen (hwzdigital.ch).

Interviews mit den Absolvierenden MAS Digital Business 2015

Die sieben Master Absolvierende des Jahres 2015 haben interessante und praxisrelevante MAS Thesen geschrieben. Der Journalist Peter Sennhauser hat mit ihnen über ihre Erkenntnisse und über ihre Arbeit im Zeitalter der digitalen Transformation gesprochen.

Nicole Candrian

«ICH ZIEHE DIE DISKUSSION DER STATUS-MITTEILUNG VOR.»

Nicole Candrian, (39), ist in St. Gallen aufgewachsen, lebt heute in Gol-
dach. Sie arbeitet als IT Business Engineer bei der Helvetia Versicherung
St. Gallen und hat den Master of Advanced Studies in Digital Business an
der HWZ 2015 erworben. Als Chefexpertin der Mediamatiker im Kanton
Thurgau sind ihr die digitalen Medien mehr als vertraut. Sie interessiert
sich in ihrer Freizeit für alles rund ums Theater, sie schwimmt sehr gerne
extrem lange im Wasser und hat die Vogelperspektive aus dem Cockpit lie-
ben gelernt.

Frau Candrian, Sie bezeichnen sich als Quasseldenkerin. Was ist das?

(Lacht) Ich bin eine chaotische kreative Querdenkerin. Mir gehen zu viele Dinge durch den Kopf, als dass ich sie alle für mich behalten könnte. Manchmal ist das ein Nachteil, bisweilen führt es zu einem spannenden Austausch mit andern Menschen.

Welche Bedeutung hat der Caumasee für Sie?

Das ist der schönste See der Welt – ich habe sozusagen meine Kindheit dort oben verbracht.

Ich weiss beides aus ihrem Twitter-Profil – wie nutzen Sie Social Media?

Ich muss sie enttäuschen (lacht): Ich stehe den digitalen und Sozialen Medien sehr kritisch gegenüber. Das war einer der Gründe, weshalb ich diesen Masterlehrgang absolvieren wollte. Die Profile, die sie gesehen haben, sind sehr wohlüberlegt und -temperiert. Das Twitterprofil ist nur für den Lehrgang entstanden, Facebook nutze ich, weil man die Menschen von früher so wieder findet – das ist sehr spannend – ansonsten bin ich sehr passiv, wenn es darum geht, mich schriftlich mitzuteilen.

Dabei sind diese neuen Tools doch grade für eine Quasseldenkerin ideal.

Ich ziehe die Diskussion der blossen Mitteilungswut vor. Ich brauche eine Reaktion, ich liebe Gegenfragen und Antworten – deshalb war das Theater der Gegenstand meiner Masterarbeit, denn dort steht der Mensch im Mittelpunkt. Mit Technik habe ich als Informatik-Mitarbeiterin im Alltag genug zu tun.

Die Sozialen Medien heissen doch aber so, weil sie soziale Beziehungen ermöglichen oder verstärken?

Ich sage gern meine Meinung, aber ich will mit meinem Namen dazu stehen können. In den neuen Kanälen wird leider auch die Hemmschwelle gesenkt, und damit werden anonyme Meinungsäusserungen gefördert. Deshalb müssen die Unternehmen ja auch lernen, mit all diesen Dingen bis zum Shitstorm umzugehen.

Hätte das Theater St. Gallen mehr Publikum, wenn es die Sozialen Medien nutzen würde?

Vielleicht wäre es nicht unmittelbar spürbar, aber mittelfristig ist es so, dass die jüngeren Zuschauer dem Haus verloren gehen, weil sie zu wenig angesprochen werden, das ist richtig.

Andererseits kommunizieren ja auch die Jungen nicht ausschliesslich über Facebook und Twitter. Weshalb erreicht sie das Theater also nicht mehr?

Nun, wir reden ja nicht nur über die sinkende Wirkung von Plakaten. Ein Experiment wäre die Arbeit mit den Schulen, sogar die Spielplangestaltung noch mehr auf die Beteiligung der jungen Generation auszurichten und mit technischen Mitteln eine direkte Mitwirkung zu erschliessen.

Digital Natives bezeichnen sich selber als sehr bequem. Ist das Theater nicht einfach intellektuell zu anstregend?

Wir werden verstärkt zum Konsum erzogen. Anders als ein unterhaltsames Musical ist das Schauspiel anstrengender, es verlangt Engagement. Aber man kann heute die Menschen dank der Technologie auch stärker teilhaben lassen. Man kann ein Theaterstück im digitalen Raum fortsetzen, auf Twitter über die Bühne hinaus führen. In Deutschland sorgten solche Inszenierungen für ausverkaufte Häuser, weil die Leute wissen wollten, wie das auf der Bühne weitergeht, was anderswo angefangen hatte.

Die kreative Elite an den Theatern ist doch eigentlich prädestiniert dafür, die Möglichkeiten der Digitalisierung genau dafür einzusetzen.

Das möchte man meinen, aber zumindest in der Schweiz scheinen die Vorbehalte, sich in die Inhalte «dreinreden zu lassen», noch sehr gross zu sein. Sogar die Schauspieler stellen sich bisweilen auf den Standpunkt, dass sie nach all ihrer Arbeit wenigstens zwei Stunden lang die volle Konzentration des Publikums geniessen dürften.

Angesichts des inzwischen rund um die Uhr andauernden Aufmerksamkeits-Wettbewerbs ist das eine recht anspruchsvolle Haltung.

Aber vielleicht eine, die nötig ist. Das Mobiltelefon war aus meiner Sicht die grösste gesellschaftliche Disruption, welche die Digitalisierung bisher hervorgebracht hat. Schauen Sie sich mal am Bahnhof um, wie da alle in ihre Bildschirme starren, wo früher noch Gespräche stattgefunden haben...

...und das ist keine nostalgische Verklärung?

Nicht in meinem Fall: Ich habe spontan mit Menschen im Alltag gesprochen, und ich mache es heute noch. Und ich bin zuversichtlich, dass sich die Leute im Laufe der weiteren Entwicklung wieder vermehrt den Werten der bewussten Live-Inszenierung, dem Menschen, der Interpretation zuwenden werden. Entsprechende Tendenzen spüre ich in meinem persönlichen Umfeld. Und den Raum dafür gibt es, auch wenn wir erst einen Bruchteil der Digitalisierung erlebt haben.

Beat Enderlin

«AUF UNSERE SICHERHEITSREGELN WARTET NIEMAND.»

Beat Enderlin, Absolvent des Masterlehrgangs Digital Business, ist eidg. dipl. Kommunikationsleiter und arbeitet als Komunikationsberater bei der Suva. Der 41jährige lebt in Rotkreuz.

Digital Business bedeutet vor allem Veränderung von Business-modellen – Sie arbeiten bei der Suva...

Dass die Suva per se nicht innovativ sein müsse und keine Konkurrenz habe, ist ein Vorurteil. Ich erlebe die Suva derzeit grade als sehr innovativ.. Es tut sich eigentlich doch sehr viel.

Nicht dem Wettbewerbsdruck ausgesetzt zu sein, könnte im Rahmen von Change-Prozessen ja auch ein Vorteil sein.

Es ist noch nicht einmal so, dass wir nicht auch unter einem gewissen Druck stünden, der durch die Digitalisierung erhöht wird: Die Entwicklungen, die auf unsere wichtigsten Kundenbranchen zukommen – denken Sie nur an die Baubranche – werden auch wir zu spüren bekommen. Wenn z.B. Arbeitsplätze abgebaut werden müssen so schlägt sich dies direkt nieder in geringeren Prämien der Firmen und somit schlussendlich in weniger finanziellen Mitteln die uns zur Verfügung stehen.

Sie haben als einziger unter den Masterstudenten einen prospektiven Praxis-Ansatz für die Abschlussarbeit gewählt.

Ich bin in der Tat sehr nahe an den praktischen Themen dran, das entspricht meiner Arbeit als Kommunikationsberater bei SuvaPro. Und weil ich glaube, dass im Bereich der Unfallverhütung durch smarte Ausrüstung ein grosses Potential vorhanden ist, wollte ich das mit meiner Arbeit ausloten. Ich habe zudem auch via Umfragen erfahren, dass in etlichen Branchen ein Bedürfnis nach image-steigernden Entwicklungen vorhanden ist: Im Forstwesen zum Beispiel gibt es Nachwuchsprobleme, weil das hohe Unfallrisiko abschreckt. Dort gibt es Stimmen die sagen, mit modernen Technologien und coolen Werkzeugen könnte man das Image verbessern. Wenn sich das gleichzeitig mit neuen Möglichkeiten zur Unfallprävention kombinierne lässt so wäre dies sehr willkommen. Ähnlich tönt es in der Baubranche.

Man könnte also Nutzen über die Kultur einführen, über den Coolness-Faktor?

Grundsätzlich muss eine entsprechende Präventionskultur im Betrieb vorhanden sein damit es funktioniert und der Chef nimmt da eine zentrale Rolle ein. Der smarte Schutzhelm ist aber aus meiner Sicht nur eine Frage der Zeit und in der Breite wird seine Einführung zunächst auf Ablehnung stossen, weil er eben auch Datenschutz-Fragen aufwirft. Die muss man über einen unverdächtigen Anbieter oder eine unabhängige Instanz zerstreuen, die für die Auswertung zuständig ist. Was wir aber schon mit der Schrittzähler-Aktion für die Bevölkerung im Kanton Luzern gelernt haben: Eine Verhaltensänderung kann offenbar dank neuen Gadgets erreicht werden. Wenn dies letzten Endes dazu führt, dass nur ein Lernender weniger verunfallt, wäre es dies die Sache aus meiner Sicht schon wert.

Zumal die meisten «visionären» Lösungen für inexistente Probleme bieten. Angefangen beim selbstverwaltenden Kühlschrank bis zum autonom fahrenden Auto.

Die Probleme der Suva sind sehr real: 25'000 verunfallte Lernende jedes Jahr, zum Beispiel. Wenn wir mit smarten Gadgets wie erwähnt einige Unfälle verhindern könnten, wäre bereits viel gewonnen. Das fängt indes mit dem Bewusstsein an: Wir haben in allen Branchen mit höheren Risiken sogenannte lebenswichtige Regeln, mit denen über 60 Prozent der Unfälle verhindert werden könnten, wenn man sich konsequent daran hielte. Auf dem Bau sind das acht Grundsätze, zum Beispiel: Bodenöffnungen werden immer sofort gesichert, ab zwei Metern Fallhöhe werden Geländer gebaut, Gerüste werden täglich geprüft und so weiter. Wenn es gelänge, die Menschen mittels Technologie unter anderem für diese Regeln verstärkt zu sensibilisieren, wäre eine Reduktion der Unfälle absehbar.

Wie könnte diese Sensibilisierung von statten gehen?

In dem via eines smarten Schutzhelmes, zum Beispiel ähnlich wie bei einem Fitbit, Bewegungsdaten gesammelt und den Inhabern vor Augen geführt wird, was sie den ganzen Tag alles leisten. Wir könnten ihnen Gesundheitstipps mit auf den Weg geben und sie z.B. auch in diesen körperlich anstrengenden Berufen auf korrekten Umgang mit Lasten etc. sensibilisieren. Wenn wir die Menschen so erreichen und ihnen für ihre Gesundheit wichtigen Mehrwert bieten können so bin ich auch überzeugt, dass sie für unsere lebenswichtigen Regeln aufnahmebereiter wären. Oder aber wenn man den Zusammenhang von Unfallgefahr und Privatleben aufzeigen könnte: Eine Doktorandin hat kürzlich in einer Untersuchung einen Zusammenhang zwischen Schlafverhalten und Unfallrisiko nachgewiesen. Wenn wir das mit Datenvisualisierungen unter die Leute bringen könnten so wäre ich sicher, dass wir in Bezug auf ihr Risikoverhalten während der Arbeit etwas bewirken könnten.

Hat die Digitalisierung Einfluss auf diese Risiken? Handelt es sich vielleicht sogar um ein Mentalitätsproblem?

Ursprünglich bin ich mit der Idee für meinen Smarthelm ganz anders gestartet: Ich wollte ein Modell entwickeln, das mit Mitteln wie Kameras und intelligenten Systemen den Träger in Echtzeit vor Gefahren warnen könnte. Im Zuge der Arbeit und in den Gesprächen mit unseren Sicherheitsingenieueren musste ich erkennen, dass das kontraproduktiv werden könnte. Die Erfahrung besagt, dass die Menschen unvorsichtiger werden, wenn sie die Verantwortung delegieren können. Menschen in unsicheren Situationen verhalten sich oft vorsichtiger – weil sie sich dessen bewusst sind. Wenn wir die Eigenverantwortung auf einen Smarten Helm verlagern, würden bei uns immer mehr Arbeiter das System ausreizen, bis sie mit einem Alarm konfrontiert würden. Das ist nicht wünschbar.

Anders gesagt: Sicherheitstechnologie braucht eine didaktische Komponente, sonst führt sie zu weniger Sicherheit?

Der schmale Grat verläuft zwischen dem, was wir Verhältnis- und Verhaltens-Prävention nennen. Ersteres war Jahrzehntelang das Hauptthema, es wurde aufgerüstet mit Schutzkleidung, besseren und sicheren Maschinen und dergleichen. Das führt aber bei vielen Menschen dazu, dass sie sich vielen Risiken gar nicht mehr bewusst sind und unter Umständen ein höheres Risiko eingehen. Deswegen versucht man mittels Verhaltensprävention dagegen zu wirken und möglicherweise falsch gelernte Muster zu durchbrechen und eine Verhaltensveränderung herbeizuführen.

Wenn wir das Übersetzen auf die Nachlässigkeit der Konsumenten in der Digitalisierung – Stichworte Datenschutz, Phishing etc: hängt das mit den gleichen Mechanismen zusammen?

Bis zu einem gewissen Grad bestimmt. In meiner Wahrnehmung sind aber viele Menschen einfach auch zu bequem, sich mit den Möglichkeiten des Missbrauchs auseinander zu setzen. Deshalb ist auch kein Schadensbewusstsein vorhanden. Das geht etwa dahin, dass sich viele keine Sorgen machen über einen Einbruch, weil «bei mir ja doch nichts zu holen ist». Dementsprechend tief ist die Motivation sich mit solchen Themen auseinander zu setzen.

Wie wollen sie dagegen ankämpfen?

Wir sind bei der Suva in einer ähnlichen Rolle wie die Flugbegleiter vor dem Start der Maschine: Erläutern sie vor dem Start die Sicherheitsregeln an Bord so hört in der Regel auch niemand zu. Gelingt es aber mal einer Crew diese Regeln unkonventionell vorzutragen und sie z.B. mal zu rappen, so hat man im Normalfall die Aufmerksamkeit der Passagiere auf sicher und als Nebeneffekt geht das Youtube-Video davon erst noch viral um die Welt. Auf unsere Sicherheitsregeln wartet grundsätzlich auch niemand und wir haben zudem gegenüber einer Flugzeugcrew noch den Nachteil, dass wir nicht jeden Tag vor unseren versicherten Personen stehen und sie instruieren können. Ich möchte deswegen einen Ansatz finden, die Technologie für diese Aufgabe zu nutzen.

Matthias Kern

«ES GIBT NOCH IMMER LEUTE, DIE KAUM MIT DIGITALEN PROZESSEN ZU TUN HABEN.»

Matthias Kern, 37, aufgewachsen und wohnhaft in Pfäffikon ZH, ist seit 15 Jahren in der digitalen Welt unterwegs. Die beruflichen Stationen: Sun Microsystems, Google, Axel Springer und Tamedia (search.ch). Mit dem Fokus auf die Vermarktung von digitalen Produkten und Dienstleistungen konzentriert sich Kern insbesondere auf die rasante Entwicklung der Kundenbedürfnisse sowie effiziente Vertriebskanäle.

Wie ist es möglich, dass in dieser digitalen Welt digitale Produkte vollständig analog verkauft werden?

Die Frage ist eben nicht nur, ob das Produkt digital oder analog ist, sondern auch, für welche Zielgruppen es gemacht ist, oder wem sie es verkaufen wollen. Im Umfeld der Produkte, die Search.ch verkauft, sind kleine und mittelgrosse Unternehmen angesprochen – und von denen wissen wir, dass zahlreiche nach wie vor dankbar sind für einen persönlichen Kontakt. Der beginnt mit einem Akquisitiosbesuch. Sehr viele Kleinstunternehmen haben das Know-How gar nicht, um selber digitale Produkte zu evaluieren oder selber im Netz einzukaufen. Insofern ist der analoge Verkaufsprozess weiterhin eine wichtige Dienstleistung. Zukünftig jedoch nicht mehr die alleinig wichtige.

Es läuft ja aber darauf hinaus, dass die Gesellschaft im Konsum der Produktion voraus ist. Ich würde erwarten, dass die Digitalisierung zuerst in der Produktion eingeführt wird.

Das ist auch so, sie müssen wohl die verschiedenen Dienstleistungen und Industrien betrachten. und in vielen Bereichen ist ein Teil der Kundschaft analog und will auch noch so bedient werden. Die Frage ist also nicht, muss ich jetzt sofort aufhören mit dem teuren analogen Verkaufsprozess und auf einen automatisierten Apparat umschalten. Es geht um einen Ablösungprozess, man merkt, dass ein neues Kundensegment heranwächst, das gar keinen Besuch eines Verkäufers mehr braucht.

Also nicht etwas abschalten, sondern ein passendes Fade-In des neuen Angebots.

Genau. Sehen sie sich das populäre Beispiel der Bankgeschäfte an. Die lassen sich alle sehr bequem am Bildschirm erledigen. Dennoch sind die Schalter und Filialen nicht verschwunden. Die grosse Frage für die Bank ist, welche Rolle die Filialen heute übernehmen und welche in Zukunft.

Interessanterweise ist grade bei den Banken die Effizienzsteigerung durch Selbstbedienung auch ein disruptives Modell: Amerikanische Banken hören nicht auf, Checks per Post zu verschicken, weil dadurch jede Transaktion fünf Tage dauert und die Bank in dieser zeit Zinsen aus dem «verschickten» Geld kassiert.

Es ist ein offenes Geheimnis, dass in analogen Prozessen auch eine zusätzliche Wertschöpfung liegen kann – bei search.ch ist der persönliche Besuch beim Kunden grundsätzlich Gelegenheit für weiterer

Verkaufsgespräche und eine gesteigerte Kundenbindung. Man hat demnach auch gehörig Respekt vor dem Übergang zu einem rein digital verkauften Medienprodukt.

Das ist ein Paradox. Von ihren eigenen Zulieferern verlangt die Wirtschaft im B2B-Geschäft knallhart immer mehr Meterware, zahlenbasierte und emotionslose Effizienz. Und auf der andern Seite versucht sie im B2C so lange wie möglich an den intransparenten Verkaufsprozessen mit «Zusatzberatung» festzuhalten.

Ich bin einverstanden mit Ihnen in dem Punkt, dass Transparenz hergestellt werden muss über das Produkt, das ich beziehe und bezahle. Aber das Festhalten an einer Kundenbeziehung mit Emotion und menschlicher Komponente ist nicht in erster Linie Verkaufsstrategie, sondern ein Kundenwunsch. Dabei geht es nicht nur um Emotion, sondern auch darum, Geschäfte auf eine partnerschaftliche Art abzuwickeln, die einen Vorteil im einen Fall mit einer Gegenleistung in einem anderen abgleichen kann.

Ist das mittelfristig noch haltbar? Wenn ich heute eine Dienstleistung von einem Anbieter im Web einkaufe, dann habe ich mich anhand der Angebotszahlen und der Kritiken für ihn entschieden – und ich wechsle den Anbieter mit einem Klick, wenn die Leistung nicht mehr stimmt. Ich habe kein Bindung zu ihm und ich brauche keinen Ansprechpartner.

Sie persönlich zählen zu einer wachsenden Gruppe der Konsumenten, die sagt, dass sie keine emotionale Bindung mehr will. Aber auch wenn die andere Gruppe schrumpft, die Kleinbetriebe, Handwerker, Leute, die sich im Tagesgeschäft kaum mit digitalen Vorgängen befassen (müssen), deren Tagesherausforderung zum Beispiel darin besteht, wie sie 3000 Ziegel auf ein Dach kriegen oder wie sie vier Räume weiss anstreichen: Auch diese Leute muss man mit digitalen Dienstleistungen bedienen, auch wenn sie sich selber nicht damit befassen wollen. Und dabei hilft eine emotionale und analoge Beratung. Als Teil des gesamten Verkaufsprozesses, wo digitale Teilschritte wichtig (geworden) sind.

Es ist eine wichtige Frage, die darauf hinausläuft, wie emotional eine Dienstleistung werden kann im Vergleich zu einem Produkt. Autos zum Beispiel sind längst austauschbar, sie sind Convenience-Produkte, aber dennoch habe ich eine emotionale Bindung zu diesem Objekt.Volkswagen baut deshalb lauter gleiche Autos, aber in fünf Emotionsklassen. ich habe einen Bezug zu meinem Auto, es ist ein Repräsentationsobjekt. Aber in der klassischen Dienstleistungsbranche, in der eine Leistung verkauft wird, kommt man nie an den gleichen Punkt, an dem um jeden Preis ein Ansprechpartner vorhanden sein muss im Vergleich zum Schreiner, der einem ein schönes Möbel baut, das danach zwanzig Jahre im Haus stehen wird.

Ist es denn aber möglich, in digitale Wertschöpfungsketten Emotion einzubauen?

Sehr wohl: Nehmen sie Google. Weshalb hat der Konzern denn überhaupt Menschen vor Ort in Zürich? Die braucht es aus Sicht der Produkte eigentlich nicht; ich kann sämtliche Google-Produkte anonym digital beziehen. Dennoch kommt der Konzern über seine Organisationen an Kunden heran, die Beratung beanspruchen, die schon fast zu einer eigenen Dienstleistung werden und weitere Abschlüsse nach sich ziehen.

Die kalte Effizienzsteigerung der Digitalisierung wird sich also nicht bedingungslos durchsetzen, meinen Sie.

Es gibt digitale Lösungen für (möglichleiser fast) alle Probleme, die sich in der Medienwirtschaft stellen. Wir müssten eigentlich heute mehr Zeit haben denn je, weil wir effizienter arbeiten. Trotzdem nimmt der Druck auf die Menschen zu. Das ist ein Widerspruch. Und es führt zu einer Gegenbewegung: Wir haben in unserem Dorf im Zürcher Oberland noch einen Käseladen, einen Metzger, eine Bäckerei – und das Gewerbe grassiert wieder, der Tante-Emma-Laden boomt. Die Menschen wenden sich vom Effizienzgedanken der Supermärkte zumindest teilweise wieder ab.

Liegt das an der Emotion oder an der Qualität der Produkte?

Je mehr wir digitalisieren, desto stärker anonymisieren wir grundsätzlich auch. Ich bestelle im Netz, ich kriege ein Paket zugesandt, ich freue mich über ein neues Device – aber ich habe im ganzen Prozess mit niemandem drüber gesprochen. An irgendeiner Stelle braucht es den Faktor Mensch. Ich kann ihn aus dem Wertschöpfungsprozess total weglassen, das geht, ohne dass das Produkt schlechter wird. Aber dabei geht Dienstleistung verloren, denn die zwischenmenschlichen Beziehungen sind irgendwo ein Teil des Einkaufserlebnisses.

Anders gesagt: Zumindest im B2C-Geschäft wird die Emotion nicht verschwinden?

Ich glaube, sie wird auch aus den B2B-Geschäftsprozessen nicht total verschwinden, denn die B2B-Kunden während dem Tag werden abends zu B2C-Kunden. Ich glaube nicht, dass wir diese Dinge strikte trennen wollen. Wir brauchen die Emotion im Privat- genauso wie im Arbeitsleben. Entweder analog durch die persönliche Beratung und Beziehung und genauso das positive Gefühl bei effizienten digitalen Arbeitschritten.

Thomas Knell

«DIGITALISIERUNG BRAUCHT MEHR UNTERNEHMER UND WENIGER MANAGER.»

Thomas Knell, 44, lebt in Zürich und arbeitete zuletzt als Leiter Nutzer-markt für den Beobachter. Er hat in Mainz Betriebswirtschaftslehre stu-diert und 2015 an der HWZ den Master of Advanced Studies in Digital Business erworben. In seiner Freizeit halten ihn seine Kinder sowie seine Passion fürs Laufen auf Trab.

Herr Knell, Sie haben herausgefunden, dass die Herausforderun-gen der digitalen Transformation eine hohe Übereinstimmung mit den Erfolgsfaktoren des Change Managements aufweisen. Worin liegen die Besonderheiten?

Unter anderem in den Themen Generation Y und Digital Natives sowie in den neuen Formen der Zusammenarbeit. Aber auch in der Weiter-gabe von Wissen – einem zentralen Thema der Digitalisierung und einem Kernpunkt der alten Hierarchien, die darauf basierten, dass Macht hatte, wer Wissen besass. Die digitale Transformation ist ein Change-Prozess für den Unternehmenskern, sie betrifft das gesamte Unternehmen: von der Strategie über die Kultur und die Technologie bis zur Organisation. Zur Planung und Steuerung des Prozesses sollten die Modelle des Change Managements herangezogen und komplett durch-laufen werden.

Sie kommen aus dem Medienbereich, dort ist das Businessmodell selbst direkt betroffen.

Und dennoch wird auch in dieser Branche mit Massnahmen operiert, indem man beispielsweise eben mal eine Digitale Einheit aufstellt, die das Thema erledigen soll – aber dass man die Digitalisierurng auf das Unternehmen gesamthaft durch sämtliche Hierarchien hindurch anschaut, das findet eher selten statt. Ein bisschen Faccbook oder Twitter löst das Problem ja noch nicht.

Was wäre ihr erster Ratschlag an ein Verlagshaus?

Nach einer Standorteinschätzung versuchen, mit allen Konsequenzen den Weg zu gehen. Mutiger werden, die Fehlervermeidungskultur fürs erste auf Eis legen und Dinge ausprobieren, um auf die Geschwindigkeit zu kommen, die es braucht. Wenn man die Startups anschaut, erkennt man schnell, dass es dazugehört, sich mal eine blutige Nase zu holen und daraus zu lernen.

Paradoxerweise beklagt man sich in der Medienbranche darüber, dass das Publikum eine gänzlich neue Medienkultur lebt, man ist aber nicht flexibel genug, sein altes Geschäftsmodell dieser Kultur anzupassen.

Die Medien haben natürlich das Problem, dass sie einen riesigen Spagat abdecken müssen: Die ältere Leserschaft nützt vorwiegend die herkömmlichen Kanäle, und die Unternehmen müssten aber auch die neuen Kanäle bespielen. Und da ist noch nicht mal klar, in welchen neuen Kanälen sich wirklich Geld verdienen lässt. Im Augenblick werden immer noch die Experimente in den neuen Kanälen aus den Einnahmen der alten Kanäle finanziert. Umso mehr müssen die Experimente beschleunigt werden.

Liegt das Problem nicht auch einfach darin, dass weiterhin nur zwei Märkte bearbeitet werden – Werbemarkt und Lesermarkt. Vielleicht gibt's ja noch andere?

Genau, diese Frage muss geklärt werden, vielleicht müsste man sich da auf die Suche nach ganz anderen Modellen machen. Aber der Stand der Branche zeigt ja auch anhand der wenigen funktionierenden digitalen Geschäftsmodelle, wo die Schwierigkeiten liegen.

Gleichzeitig ziehen die Medienkonzerne jetzt aber einen Kulturwechsel als Grund für die Disruption ihrer Geschäftsmodelle heran, an dem sie mit schuld wären, wenn er denn real ist: Die «Gratiskultur». Lässt sich eine Mentalität wirklich umbiegen?

Wenn, dann funktioniert es derzeit im englischen Sprachraum, weil dort die Welt der Markt ist und die Leserschaft von der einfachen Lieferung digitaler Produkte über Kontinente hinweg einen spürbaren Nutzen hat. In Märkten wie dem deutschen Sprachraum oder sogar der Schweiz wird es ungleich schwieriger, die sind einfach zu klein.

Ausserdem ist es ein falsch verstandener Change-Prozess, wenn man versucht, die Kundschaft umzubiegen...

Ja, die Verlage arbeiten immer noch daran, ihr Geschäftsmodell aus der analogen Welt in die digitale Welt zu übertragen. Das scheint nicht sehr erfolgversprechend zu sein. Jetzt müsste man vielleicht mal den Mut zur Fragestellung aufbringen, ob nicht einfach ganz andere Geschäftsmodelle entwickelt werden müssen. Es ist ja auch nicht so, dass die einzige Leistung der Medien in der Verteilung der Inhalte liegt – mit mehr Inhalten stellt sich auch die Aufgabe der Bewertung und Beurteilung plötzlich ganz anders, und der Journalismus war schon immer auch dazu da, Orientierung zu geben.

Solche radikalen Neuorientierungen verursachen zwangsläufig einen Kontrollverlust. In der Digitalisierung ist er geradezu Programm. Das widerläuft aber allem, was die Wirtschaft bisher angestrebt hat.

Klar, aber dem muss sich das einzelne Unternehmen stellen, wenn es einen Weg in die digitale Zukunft finden will.

Womit liesse sich die Kontrolle denn ersetzen? Wissen?

Versuchen wir es doch einfach mit gesundem Menschenverstand. Vielleicht muss der Stellenwert dieser Eigenschaft in der Wirtschaft angesichts der neuen Transparenz, die das Netz mitbringt, erhöht werden. Die Zeiten sind vorbei, in denen Unternehmen in stillen Kämmerlein etwas basteln konnten, das sich danach vermarkten liess.

Die Digitale Transformation ist ja kein Prozess mit einem definierten Ende. Es geht jetzt weniger um die Bewahrung der Pfründe als um die unternehmerische Experimentierfreude.

Die digitale Transformation verlangt nach mehr Unternehmern und weniger Managern.

Die grösste disruptive Kraft der Digitalisierung liegt in der allgemeinen Verfügbarkeit der Technologie, deren Monopolisierung bisher ganze Geschäftsmodelle begründet hat. Was ist ihrer Ansicht nach die grösste Versprechung der Digitalisierung?

Die Bewegungsfreiheit und die Nutzbarkeit der Infrastruktur, sie schaffen Möglichkeiten für neue Ansätze.

Wie gross ist die Gefahr, dass sie durch Regulierung beschränkt werden – Stichwort Netzneutralität?

Ich glaube nicht, dass sich die Menschen diese Freiheiten nochmals nehmen lassen, abgesehen von begründbaren Regulierungen, wie etwa in Bezug auf Datensicherheit und Datenschutz. Redefreiheit ist die Basis der Demokratie, und das Netz ist die perfekte Bühne dafür.

Eva-Maria Lucena

«ICH HABE NICHT DAS BEDÜRFNIS, OFFLINE ZU SEIN.»

Eva-Maria Lucena, ist gebürtige Spanierin und in der Umgebung von Olten (SO) aufgewachsen. Sie arbeitet als Teamleiterin im Training, Learning & Knowledge Management bei der Swisscom (Schweiz) AG und hat den Master of Advanced Studies in Digital Business an der HWZ 2015 erworben. Sie interessiert sich in Ihrer Freizeit für alles rund um Knowledge Management, Digitale Transformation und alternative Methoden zur Persönlichkeitsentwicklung. Sarah ist zu erreichen auf LinkedIn | Twitter | Blog und more..

Frau Lucena, wann haben Sie Ihr erstes Mobiltelefon angeschafft?

(Grübelt) ... Das war 1997 oder 1998.

Wissen Sie auch noch, warum?

Ich habe mich örtlich verändert: Ich hatte gerade mein Arbeitsleben mobiler gestaltet und wollte aus verschiedenen Aktivitäten in Beruf und Privatleben heraus erreichbar sein. Ausserdem und ganz grundsätzlich: Ich war und bin ganz einfach fasziniert von diesen Geräten und den Möglichkeiten der Digitalisierung.

Schalten Sie es heute gelegentlich aus?

Selten. Ich gehöre nicht zu den Menschen, die das Bedürfnis haben, offline zu sein.

Aber der bewusste Umgang mit Kommunikation und Information wird zusehends wichtiger – in Ihrer Arbeit kommen Sie zum Schluss, dass Wissensmanagement ein Erfolgsfaktor in der digitalen Wirtschaft ist.

Das ist richtig. Und die Herausforderung besteht darin, die Führungsetage von diesen Notwendigkeiten zu überzeugen. Leider ist die positive Wirkung kaum oder schwer mit Fakten belegbar.

Das ist eine generelle Problematik im Knowledge Management.

Aber in diesem Bereich ganz besonders, zumal Wissen die Verarbeitung von Informationen durch Menschen ist. Die Informationen selber sind ja noch leicht zu managen: Man baut dafür ein News Portal, ein Intranet etc. Aber bei der Anwendung von Wissen stellen sich Fragen wie die, ob die erhaltenen Informationen für das Individuum nützlich waren, ob dessen gesetzten Ziele erreicht werden konnten und ob eine Weiterentwicklung stattfand. In unserem Unternehmen manifestiert sich der Erfolg im Umgang mit Wissen letztlich in jedem einzelnen Kundenkontakt. Wenn ein Kunde nicht zufrieden ist, konnten wir auch nicht punkten – aber es ist immens schwierig zu sagen, an was es genau gelegen hat.

Weil der Kunde schon kaum selber weiss, was genau sein Erlebnis getrübt hat?

Genau. Der Kunde hat ein nicht immer klar formulierbares Bedürfnis, und wir müssen herausfinden, ob wir das erfüllen können und wie. Am Ende entscheidet sich die Frage aber an einer Fülle von Elementen.

Hat sich durch die Digitalisierung an dieser Aufgabe etwas geändert oder gibt es nur neue Methoden und Instrumente, die an sie heranzutreten?

Es handelt sich um einen grundsätzlichen Wandel, welcher aktuell stattfindet. Er zeichnet sich durch zwei Seiten aus: Zum einen wird durch die digitalen Technologien der Umgang mit Wissen und Informationen für die Nutzer einfacher. Auf der anderen Seite schaffen diese Möglichkeiten eine steigende Flut an zu verarbeitenden Inputs und Daten. Und zur Bewältigung dieser Flut auf all den neuen Kanälen entwickelt sich dann eine immer stärkere Personalisierung und Individualisierung.

Die Filterbubble...

Richtig – sie bringt neue Herausforderungen mit sich. Wie etwa transportieren Sie Wissen zu einem Individuum, das sich dafür explizit nicht interessiert, das Sie aber dennoch erreichen wollen?

Oder aber die Umkehrung: Wie bleiben Sie auf Augenhöhe mit Ihrer Kundschaft? Die Informationsflut und die Transparenz ist inzwischen so gross, dass die Unternehmen ihren Kunden bei der Wissensbeschaffung zum Teil hinterher hinken.

Was heisst das für Unternehmen?

In einem ISO-zertifizierten Unternehmen wie der Swisscom sind die Leute prozessorientierte Strukturen gewohnt, es gibt eindeutige Abläufe und messbare Standards – die Technologie im Wissens- oder

Infomanagement bricht aber mit diesen Strukturen. Sie erlaubt schnellere und individuellere Wege. Ein Unternehmer, der seine Mitarbeiter ermächtigen will, ist plötzlich mit Variablen konfrontiert...

... diese Ermächtigung, das «Empowerment» der Mitarbeiter, ist aber just ein Lösungsansatz, der einen Abbau an Kontrolle bedingt – Wie verkauft man sowas in der Führungsetage?

Nur sehr schwer. In der Telekommunikationsbranche ist es wohl etwas einfacher, denn wir sind dermassen technologiegetrieben, dass man gar nicht mehr um eine Ermächtigung der Mitarbeiter herum kommt. Agilität – eine grundsätzliche Beweglichkeit – und Veränderungsbereitschaft sind in der digitalen Gesellschaft das Lebenselixier.

Und dennoch fürchten die Menschen der älteren Generation die Digitalisierung als Gleichschaltung.

Das liegt vielleicht daran, dass sie noch nicht abgeschlossen ist und das «Buch des Lebens» jeden Tag weitergeschrieben wird. Morgen ist vielleicht wieder alles anders, und durch die vielfältigen Möglichkeiten kann jeder Mensch selber plötzlich Dinge verändern. Er hat mehr Möglichkeiten, muss aber auch Verantwortung für seine Handlungen übernehmen. Das weckt sicher auch Ängste.

In all dieser Bewegung sehnen wir uns doch aber auch nach Konstanz. Was ist für Sie etwa Heimat?

Interessante Frage. Zumal, weil ich schon in jungen Jahren mit meiner Familie in der Schweiz ein Haus gebaut und gedacht habe, das sei jetzt mein «Daheim». Heute muss ich sagen: Heimat kann überall sein, wo ich mich verwirklichen und ich selber sein kann.

Eine Folge der Digitalisierung?

Es ist eine ihrer Auswirkungen. Sie ist der Treiber all dieser Möglichkeiten, welche die Heimat aus der Ortsgebundenheit gelöst haben.

Sarah Nünlist

«DIE MEHRHEIT HAT EINE STIMME ERHALTEN, ABER NICHT AUTOMATISCH RECHT.»

Sarah Nünlist ist Leiterin Online-PR und Social Media bei der Schweize-rischen Post. Im Rahmen eines Innovationsprogrammes arbeitete sie im Herbst 2015 im Swiss Post Outpost im Silicon Valley. Sarah ist zu errei-chen auf Twitter | LinkedIn | Blog | weitere.

Die Rockband FooFighters hat grade in Italien ein Konzert in einer Kleinstadt gegeben, weil sie von 1000 Musikern dazu per Facebook-Video aufgefordert worden waren. Das ist doch schon fast Kidnapping...?

Mit Öffentlichkeit wird immer wieder mal Druck aufgesetzt. Das haben schon etliche Unternehmen feststellen müssen, die sich Forderungen ausgesetzt sahen. Das ist Social Media. Die Stimme von vielen, die jetzt auch Öffentlichkeit erlangen können. Wir müssen den richtigen Umgang damit finden.

Machen die Sozialen Medien die Welt demokratischer?

Das ist die alte, romantische Ansicht. Die Mehrheit hat mit Social Media eine Stimme erhalten. Aber sie hat deswegen nicht automatisch auch recht.

Nutzen Sie persönlich diese Macht, bewerten Sie Produkte, schreiben Sie Kommentare?

Nur in wirklich wichtigen Fällen oder wenn eine Dienstleistung es verlangt, wie AirBnB. Damit ich aus freien Stücken etwas bewerte, muss es besonders gut oder besonders schlecht gewesen sein. Kommentare schreibe ich erst, wenn mich etwas wirklich bewegt hat – und nur, wenn die Aussicht auf ein Gespräch oder eine Diskussion besteht.

Solche Gespräche, sagten vor 15 Jahren das Cluetrain-Manifest oder andere Bücher wie Naked Conversations – seien die neuen Märkte. Aber wo ist das Gespräch, wenn Algorithmen Preise vergleichen und alle von dieser Transparenz profitieren?

Preistransparenz ist eine andere Erscheinung, in erster Linie ging es darum, dass plötzlich die Meinung der andern Konsumenten zählt. Ich buche beispielsweise kein Hotel mehr, ohne auf Tripadvisor die Bewertungen, vielleicht auch einige Kommentare dazu gelesen zu haben. Und ich vergleiche die Aufnahmen der Gäste mit den offiziellen Fotos der Anbieter. Früher musste ich mich auf das Bild verlassen, dass mir die Hochglanzprospekte vermitteln wollten. Heute wird dieses Bild von den Konsumenten gezeichnet.

In diesem Zusammenhang spielt plötzlich ein Begriff eine Rolle in einem ökonomischen Fach, der so gar nicht nach Wirtschaft tönt: «Shitstorm». das Wort kam in zwei Beschreibungen von CAS-Modulen vor.

Der Begriff hat vor vier, fünf Jahren alle erschreckt, als über den ersten Unternehmen solche Shitstorms losgebrochen sind. Inzwischen haben die Kommunikationsverantwortlichen gelernt, darauf zu reagieren. Natürlich ist ein Shitstorm für Unternehmen noch immer unangenehm, aber er bedingt nicht unbedingt einen nachhaltigen Schaden. Mit der richtigen Reaktion kann ein Unternehmen in dieser Situation gar Sympathie schaffen.

Diese Erleichterung ist eine Seite, die andere ist Ihre Erkenntnis, dass zwar alle verstanden haben, dass es einen Paradigmenwechsel gibt, aber kaum jemand hat bereits eine Strategie, wie er darauf reagieren will.

Das liegt auch daran, dass der Wandel noch in vollem Gange ist. Die Unternehmenskommunikation etwa baut auf die Funktionsweise von Medien, die ihrerseits selbst noch mitten in der Transformation stecken. Die alten Konzepte funktionieren nicht mehr und neue fehlen noch. Ich komme gerade aus dem Silicon Valley; selbst die grossen Social Media Plattformen befinden sich noch auf der Reise und das genaue Ziel kennt keiner. Sicher ist nur, dass wir uns in den nächsten Jahren laufend verändern und uns an ein sich im stetigen Wandel befindenden Umfeld anpassen müssen.

Was hat sie im Silicon Valley in dieser Hinsicht am meisten überrascht?

Im Silicon Valley sind Dinge bereits Alltag, die bei uns noch zur Zukunftsmusik zählen, wie etwa das «Internet of Things». Überrascht hat mich, wie wenig dort gewisse Entwicklungen hinterfragt werden. Insbesondere im Bereich Daten und Privatsphäre. Die Vernetzung aller möglichen Gegenstände macht uns noch transparenter, wir produzieren immer mehr persönliche Informationen. Auch dass ein paar Konzerne dieses Wissen und unsere Daten kontrollieren, scheint dort niemanden zu erschrecken. Auf kritische Fragen zur Privatsphäre wurde mir oft mit einem wissenden "Ah, you're from Europe" begegnet.

Ist das der Silicon Valley-Spirit, den Sie in ihrem Blog erwähnt haben? Oder worin besteht der?

Nein, der erwähnte Spirit ist eher die Einstellung, dass nichts unmöglich ist. Der Glaube an eine Idee. Hierzulande lancieren wir ein Projekt, und wenn es scheitert, dann wird es beerdigt. Wer im Silicon Valley scheitert, zieht seine Lehren daraus und versucht es nochmals. Und nochmals und nochmals. Das Scheitern wird schon fast zelebriert – «Failures» gehören zum Leistungsausweis: Wer bereits einige Projekte in den Sand gesetzt hat, hat ganz sicher daraus gelernt und wird denselben Fehler beim nächsten Projekt nicht mehr machen.

Haben wir von diesem Geist zu wenig in der Schweiz?

Definitiv! Wir Schweizer sind sehr verwöhnt. Einen guten Lebensstandard ist hier relativ einfach zu erreichen, weshalb uns wohl oft der Wille fehlt, etwas zu bewegen. Ein wenig mehr Unternehmergeist und eine "Wieso nicht?" anstatt eine "Ja, aber"-Einstellung würde uns sicherlich nicht schaden.

Sven Ruoss

«DER KAMPF UM TALENTE WIRD DURCH DIE KULTUR ENTSCHIEDEN.»

Über Sven Ruoss (31. Mai 1982): Sein Berufsweg führte Ihn von der Bera-
tungs- in die Medienbranche. Seit vier Jahren arbeitet er im Bereich Busi-
ness Development bei verschiedenen Medienunternehmen in der Schweiz (,
Ringier, Tamedia, watson) und setzt sich für die digitale Transformation in
der Medienbranche ein. Nebenamtlich ist Ruoss als Studienleiter des CAS
Social Media Management und als Dozent am Center for Digital Busi-
ness der HWZ Hochschule für Wirtschaft Zürich engagiert. Sein Betriebs-
wirtschaftsstudium schloss Ruoss 2008 als M.A. in Marketing, Services
and Communication Management an der Universität St. Gallen (HSG) ab.
In seiner Freizeit rennt er gerne Marathons. Mindestens einmal pro Jahr
macht er eine digitale Diät und besteigt Berge – ohne Smartphone und
ohne Internet. www.svenruoss.ch

Was konsumiert ein Medienjunkie heute noch?

Ziemlich vieles. Ich habe mein Smartphone immer bei mir und ich weiss
nicht einmal, wie oft ich drauf schaue. Ich kriege viel mit via Twitter,
Facebook und andere Dienste, aber kraft der Branche, in der ich arbeite,
auch aus Printpublikationen.

Was interessiert dabei mehr – die Inhalte oder die Machart?

Natürlich will ich wissen, wer was wie macht – und wer wie schnell ist. Aber ich bin auch Nachrichtenkonsument, ich will wissen, was läuft.

In der Medienbranche sind Sie mitten im Strukturwandel der Digitalisierung – gibt es einen Fall von Disruption, den Sie für exemplarisch halten?

Deren gibt es eigentlich viele – nehmen Sie AirBnB, das die Hotelbranche- und Uber, das die Transportgilde in Angst und Schrecken versetzt.

Oder ganze Städte, in denen die Regulierungssysteme nicht mehr funktionieren...

Wir sehen ja auch in all diesen Beispielen, wie das Recht der Realität immer hinterherhinkt, denn die Digitalisierung durchbricht alle diese Regelsysteme.

Also ist das ganze vor allem eine neue Chancengleichheit...

Absolut, inzwischen sind wir alle ermächtigt, Wissen abzurufen, zu kommunizieren, oder sogar eine Publikation zu starten – Dinge, von denen die meisten früher viel Zeit oder Geld voraussetzten.

Andere müssen re-agieren. Sie haben herausgefunden, dass drei Viertel der Unternehmen die Digitaltechnik «ab 2020 für erfolgsrelevant» halten und in den nächsten Jahren das Fachwissen anstellen wollen, das sie dafür brauchen. Was heisst das für den Arbeitsmarkt? Ist das Knowhow überhaupt vorhanden?

(Lacht) Es muss sehr schnell ausgebildet werden. Für die grossen Player wie Google wird das kein Problem darstellen, die kaufen sich das Wissen einfach zu jedem Preis irgendwo auf der Welt zusammen. Aber für das Schweizer KMU ist das rasch eine gehörige Herausforderung.

Entsprechend hat mich die Gelassenheit oder Ignoranz der Unternehmen überrascht...

Glauben Sie mir – mich auch! Man sagt zwar, dass Digitalisierung ab 2020 erfolgskritisch wird und gibt gleich darauf zu, dass man noch genau gar nichts unternommen hat. Dahinter vermute ich die die totale Hilflosigkeit, weil die Unternehmen schlicht nicht wissen wo sie anfangen sollen. Die C-Level im Management sind ja selber grösstenteils über 50 und damit nicht grade Digital Natives, die haben wenig Ahnung. Und das Wissen aus 20jährigen Praktikanten absaugen? Das wird nicht gehen.

Goldene Zeiten für Junge Leute, die jetzt die richtigen Dinge lernen.

Klar, die Digital Natives tun gut daran, sich auf Jobprofile vorzubereiten, für die wir jetzt noch nicht einmal eine Bezeichnung haben.

Was definiert denn die Digital Natives? Fachwissen ist ja nicht durch Konsum der Technologie gegeben. Und in den Selbstdefinitionen beschreiben sich die jungen Generationen vor allem als Menschen, die ein anderes Wertesystem haben.

Ich glaube, die beiden Dinge gehen zusammen. Die Mischung aus Digital Natives und Generation Y stellt die Wirtschaft vor weitere Herausforderungen: Loyalität ist nicht mehr so verbreitet wie früher, Geld und Macht zählen weniger als Sinnstiftung und persönliche Befriedigung.

Ist dem Management diese Zusatzproblematik bewusst, oder wird das mit dem War for Talent kumulieren?

Darin steckt tatsächlich eine weitere Problematik, indem man sich in vielen Führungetagen nicht bewusst ist, dass sich die Digital Natives nicht mit Geld anlocken lassen. Die Angebote der Firmen werden besser sein müssen...

In welche Richtung würden Sie denn jetzt der Spitze Ihrer Firma raten zu gehen? Was muss sie bieten?

Es wird eine Frage der Kultur sein: Teilzeitarbeit, Vertrauen, flache Hierarchien und Can-Do-Mentalität: das sind die Dinge, die attraktiv machen. Keine leichte Aufgabe für grosse Unternehmen, eine Startup-Mentalität zu entwickeln, um Mitarbeiter anzuziehen... Aber wer es nur mit Geld versucht, wird nicht die richtigen Arbeitskräfte bekommen.

Warum ist dieses Personalproblem noch kein Thema?

Weil es noch weniger auf dem Radar der Unternehmen ist als die technologische Veränderung. Dabei wird sich der der Kampf um die Talente übrigens nicht nur um die Digital Natives drehen, sondern ebenso um die älteren Semester mit dem richtigen Fachwissen. Denn die haben im Gegensatz zu den Digital Natives auch noch einen Haufen Erfahrung, den sie einbringen können. Die ist durch nichts wettzumachen.

Center for Digital Business

Center for Digital Business

Allgemein

Im September 2014 gründete die HWZ Hochschule für Wirtschaft Zürich unter der Leitung von Manuel P. Nappo das schweizweit erste Kompetenzzentrum im Bereich Digital Business. Das Center for Digital Business ist eine Anlaufstelle für anwendungsorientiertes digitales Wissen. Es ermöglicht einen optimalen Wissenstransfer in Unternehmen, Verbände und öffentliche Verwaltungen. Angeboten werden Lehre, Beratung sowie kostenloses Wissen.

Mission

«Wir unterstützen Schweizer KMUs sowie Entscheidungsträger in Wirtschaft und Gesellschaft, den Herausforderungen des digitalen Zeitalters gerecht zu werden. Wir liefern umsetzbare, anwendungsorientierte Inputs in Form von Weiterbildungen, Schulungen, Beratungen, Know-how, Konzepten, Support und Lösungsvorschlägen.»

Angebot

Der Master of Advanced Studies (MAS) in Digital Business sowie die sechs Zertifikatslehrgänge (CAS) werden vom Center for Digital Business, zum Teil in Zusammenarbeit mit externen Partnern, entwickelt und durchgeführt. Das Center for Digital Business realisiert zudem massgeschneiderte Kurse und Workshops mit Unternehmen, Verbänden und Verwaltungen. Die Schulungen werden grundsätzlich nach den individuellen Bedürfnissen der Unternehmen aufgebaut und umgesetzt. So unterstützt das Center seine Kunden beispielsweise bei einer Potenzialanalyse, bei der Entwicklung einer digitalen Vision oder der Implementierung einer Digitalisierungsstrategie. Das Center stellt zudem kostenlos Wissen in Form von White Papers, Checklisten, Anleitungen usw. zur Verfügung. Im Bereich der angewandten Forschung arbeitet das Center an Projekten für Auftraggeber aus der Wirtschaft, öffentlichen Verwaltung oder für NGO.

Das Center for Digital Business wird durch folgende Partner unterstützt:

 **RAIFFEISEN**

MAS Digital Business

Unter dem Druck der Digitalisierung stossen klassischen Geschäftsmodelle an ihre Grenzen. Wer im Digital Business künftige Entwicklungsschritte in der eigenen Organisation mitgestalten möchte, erhält im MAS Digital Business ein ideales, schweizweit einzigartiges Wissensfundament.

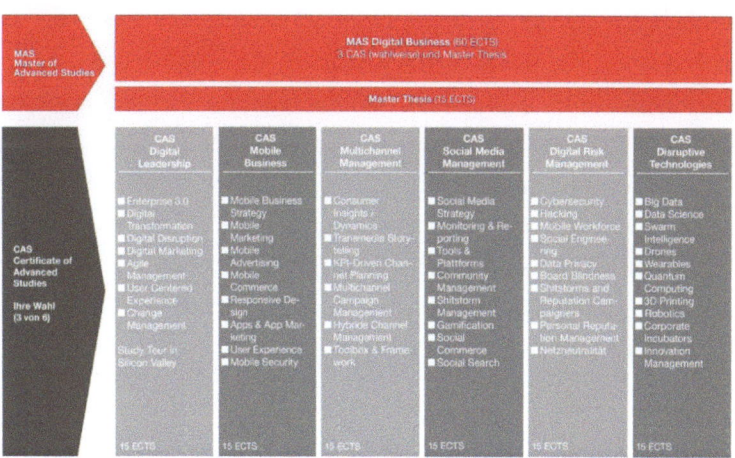

CAS Digital Leadership

Das 18-tägige Zertifikatsprogramm vermittelt Grundkonzepte digitaler Geschäftsmodelle. Die Teilnehmenden erhalten konkrete Handlungsanleitungen, wie sie als Beraterinnen, Intrapreneurs oder als digitaler Transformator Unternehmen umsichtig begleiten und Brücken zwischen den Kernleistungen der Gegenwart und der digitalen Zukunft bauen. In einer zunehmend digitalisierten Geschäftswelt brauchen Organisationen Mitarbeitende, die als Führungspersonen das mittlerweile radikal erneuerte "Skill-Set" kennen und anwenden können. Der Kurs vertieft Wissen in zentralen digitalen Disziplinen, zeigt, wie sich die alte mit der neuen Welt verknüpfen lässt und formt Talente zu digitalen Leadern. Abgerundet wird das Programm mit einer fünftägigen Study-Tour ins Mekka der digitalen Welt, das Silicon Valley.

CAS Mobile Business

In den nächsten Jahren wird die mobile Nutzung des Webs die stationäre Nutzung überholen. Die entscheidende Frage dabei ist: Sind die Unternehmen bereit für diesen fundamentalen Wandel? Exzellenz im Mobilebereich wird in der digitalisierten Geschäftswelt zum entscheidenden Wettbewerbsvorteil und Erfolgsfaktor für Unternehmen. Das 18-tägige Zertifikatsprogramm vermittelt die Prozesse, den Nutzen und die Risiken von mobilen Technologien und Applikationen in ihren Grundzügen und Zusammenhängen. Zudem werden die wichtigsten Bereiche, Tools und Anwendungen im mobilen Web samt ihrer Funktionsweise aufgezeigt.

CAS Multichannel Management

Marketing ist heute komplexer denn je, hat aber auch noch nie so viele Möglichkeiten geboten. Kommunikation war nie spannender, aufregender und herausfordernder wie heute. Aber: Die Anforderungen an Know-how, Set-up und Professionalität sind höher als je zuvor. Im 18-tägigen CAS Multichannel Management der HWZ vermitteln Ihnen erfahrene Praktiker und Pionierinnen Know-how, Kompetenzen und Tools für ein professionelles und erfolgreiches Management (Planen, Leiten, Steuern) von Transchannel Marketing und Transmedia Kampagnen. Speziellen Fokus legen wir auf Management und Vernetzung der neuen Hybriden, welche Kommunikation, Verkauf, Distribution, Kundenservice, CRM etc. in beliebiger Form und Zusammensetzung vereinen.

CAS Social Media Management

Sie wollen neue Kundengruppen erschliessen? Erfahren, was die Öffentlichkeit im Netz über Sie und Ihre Tätigkeiten sagt? Wie eine Marke mit wenig Aufwand und grosser Wirkung ins Gespräch zu bringen ist? Die Absolvierenden dieses Lehrgangs sind befähigt, aus der Perspektive der integrierten Kommunikation eine Social-Media-Strategie für ihr Unternehmen zu entwickeln und diese zu implementieren und zu überwachen. Sie haben das erforderliche Grundwissen bezüglich rechtlicher Aspekte sowie hinsichtlich der Tools, welche für eine Beurteilung bzw. einen Einsatz von Social Media benötigt werden. Sie sind in der Lage, den Kontext, die Chancen und die Risiken der sozialen Medien für ihre Organisation abzuschätzen.

CAS Digital Risk Management

Digital Risk Management bildet eine Brücke zwischen der Geschäftsstrategie, technischen und betrieblichen Aspekten sowie der Unternehmenskultur. Das Ziel ist, digitale Gefährdungen neu aus einer ganzheitlichen, unternehmerischen Perspektive zu beurteilen und mit geeigneten Massnahmen die Widerstandsfähigkeit (Digital Resilience) des Unternehmens im digitalen Geschäft zu erhöhen. Der CAS Digital Risk Management fokussiert auf Risiken in den Bereichen Infrastruktur, Reputation sowie im Bereich der Märkte und Geschäftsmodelle, die spezifisch im Zusammenhang mit der Digitalisierung zu adressieren sind. Zu den Themen gehören unter anderem Cybersecurity, Hacking, Mobile Workforce, Social Engineering, Data Privacy, Board Blindness, Shitstorms und Netzneutralität.

CAS Disruptive Technologies

Der CAS Disruptive Technologies ermöglicht Ihnen, innovative Technologien und Konzepte einzuordnen und als Führungspersönlichkeit die notwendigen Mechanismen so weit zu durchdringen, dass eine Umsetzung in Form von Projekten und Produkten in Ihrem Unternehmen zielführend erfolgen kann. Themen wie Big Data & Data Science, Swarm Intelligence, Digital Security sowie Wearable Computer, Quantum Computing oder 3D Printing gehören zu den Inhalten. Die Teilnehmenden werden zudem in die Grundlagen der Innovation und ins Management der Kreativität eingeführt.

Urheberrechte und Nutzungs-
bedingungen